【世界社会主义五百年
历史人物传略】

高　放⊙主编

# 克鲁普斯卡娅

苏联社会主义革命家、教育家

孙兰芝⊙著

中国工人出版社

**图书在版编目（CIP）数据**

克鲁普斯卡娅 / 孙兰芝著. —北京：中国工人出版社，2014.10
（世界社会主义五百年历史人物传略）
ISBN 978-7-5008-5934-5

Ⅰ.①世… Ⅱ.①孙… Ⅲ.①克鲁普斯卡娅（1869～1939）—传记 Ⅳ.①K835.127=5

中国版本图书馆CIP数据核字（2014）第222496号

世界社会主义五百年历史人物传略——克鲁普斯卡娅

---

| | |
|---|---|
| **出 版 人** | 李庆堂 |
| **责任编辑** | 朱 鹏 |
| **责任校对** | 孙迺伟 |
| **责任印制** | 栾征宇 |
| **出版发行** | 中国工人出版社 |
| **地　　址** | 北京市东城区鼓楼外大街45号　邮编：100120 |
| **网　　址** | http://www.wp-china.com |
| **电　　话** | （010）62350006（总编室）　（010）62005039（营销出版部）<br>（010）82075935（工会与劳动关系分社） |
| **发行热线** | （010）62004002　（010）82081553（传真） |
| **经　　销** | 各地书店 |
| **印　　刷** | 北京市昌平开拓印刷厂 |
| **开　　本** | 700毫米×1000毫米　1/16 |
| **印　　张** | 9.75 |
| **字　　数** | 160千字 |
| **版　　次** | 2014年10月第1版　2014年10月第1次印刷 |
| **定　　价** | 28.00元 |

---

# 学习革命先辈典范　增强社会主义信念

## ——《世界社会主义五百年历史人物传略》丛书序言

高　放

中共中央总书记习近平同志于2013年1月5日在新进中央委员、候补中央委员学习贯彻党的十八大精神研讨班上的讲话中，从历史和现实的角度谈到坚持和发展中国特色社会主义这个重大问题时，这样说道："从提出社会主义思想到现在，差不多五百年时间。"他在讲话中精辟地概述了近五百年来社会主义思想发展的六个时间段及其代表人物。习近平同志的这次重要讲话，引起了全党、全国人民重视学习世界社会主义五百年的光辉历史及其经验教训。

中国工人出版社于2013年5月就开始策划要出版一套《世界社会主义五百年历史人物传略》丛书，作为《中国工运历史人物传略》丛书的姊妹篇，便于广大职工、工会干部和各方面各界别读者通过历史人物的具体形象和生动事例来较为系统地了解世界社会主义五百年的风雨历程和宝贵启示。出版社邀请我担任这套丛书的主编。我自1949年3月北京和平解放后两个月，就提前结束了解放区华北大学历史研究室研究生的学习，随华大队伍从河北正定迁进北京，给我的导师何干之教授当助手，担任学习助理员（助教），辅导新学员学习社会发展史等课程。自1950年中央人民政府以华大为基础创办中国人民大学起，我一直从事世界社会主义历史、理论和实践的教研工作。改革开放以来主编过《社会主义思想史》、《国际共产主义运动史》、《科学社会主义的理论与实践》、《社会主义大辞典》等书，出版过《社会主义的过去、现在和未来》、《社会主义在世界和中国》、《马克思主义与社会主义》、《马克思主义与社会主义新论》、《国际共产主义运动别史》等论著。对世界社会主义五百年来的各类历史人物是较为熟悉的。我深感出版社策划出版这套丛书是很有眼力胆识、很有现实意义的，所以慨然应允。我以远超耄耋之年，病弱之躯，甘愿为主编好这套丛书克尽绵力。

什么是社会主义？简而言之，我认为社会主义是旨在减免资本主义剥削压迫、争取劳动人民福利权益、实现劳动人民当家作主的社会思潮、社会运动、社会制度和社会形态。依我管见，世界社会主义五百年是包括社会主义思想的飞跃、社会主义运动的转变、社会主义制度的演进和社会主义革新的拓展这样四个波澜壮阔的历程。这四个历史进程既是依次递进，又是后者涵盖前者。五百年来的世界社会主义历史波浪起伏、跌落升扬，亿万群众前仆后继，继往开来，其间造就涌现了一批又一批、一代又一代社会主义思想家、理论家、活动家、革命家、政治家、组织家、宣传家、改革家。他们感悟历史进步趋势，认知社会发展规律，反映群众要求，代表群众利益，以其个人的智慧、能力和言行，为世界社会主义事业做出了独特的突出的贡献，理应为他们树碑立传，谱写他们非凡的事迹，描绘他们生动的形象。这样便于我们以人为镜、以人为鉴、以史资政、以史育人。世界社会主义历来有各种流派，我们只选定在五百年历史长河中在全世界或某地区起过最先进、最有创新作用的人物 25 人，分为 20 册传略出版。每册控制在 10 万字至 15 万字之间，都不是孤立地写传主个人，而是包括与之相关的人物，都提炼出一两句最能凸显这个人物历史地位和作用、最具概括性和吸引力的词语作为书名。我精心设计的书名如下。

第一册，乌托邦社会主义首创者**莫尔**；

第二册，第一批社会主义者，三位“最伟大智士”**圣西门、傅立叶、欧文**；

第三册，科学社会主义和世界社会主义始祖**马克思**；

第四册，科学社会主义和世界社会主义“第二提琴手”**恩格斯**；

第五册，巴黎公社革命活动家、“国际歌”作者**鲍狄埃**；

第六册，国际工人运动活动家、德国社会民主党领袖**倍倍尔**；

第七册，父子两代社会主义革命家**威廉·李卜克内西**和**卡尔·李卜克内西**；

第八册，世界第一个社会主义国家苏联缔造者、世界社会主义开拓者**列宁**；

第九册，苏联社会主义革命家、教育家**克鲁普斯卡娅**；

第十册，国际工人运动活动家、德国共产党创始人**卢森堡**；

第十一册，苏联社会主义建设领袖，国际反法西斯战争统帅**斯大林**；

第十二册，意大利共产党创建人、共产国际时期独立探索者**葛兰西**；

第十三册，国际反法西斯斗争先锋、共产国际总书记**季米特洛夫**；

第十四册，国际工人运动活动家、国际妇女运动领袖**蔡特金**；

第十五册，国际反法西斯战争先锋、西班牙共产党中央主席**伊巴露丽**；

第十六册，南斯拉夫共产主义者联盟中央主席、自治社会主义试验者**铁托**；

第十七册，美国社会主义探索者、美国社会党创始人**德布斯**和美国共产党创始人**福斯特**；

第十八册，拉丁美洲社会主义探索者、秘鲁共产党创建人**马里亚特吉**和古巴革命英烈**格瓦拉**；

第十九册，国际工人运动活动家、日本社会党和共产党创始人**片山潜**；

第二十册，越南共产党缔造者、越南社会主义奠基人**胡志明**。

从以上设计来看，这套丛书涵盖了世界社会主义发展四个阶段、欧美亚国家最有代表性的社会主义历史人物。其中有夫妻一对都是革命家的列宁与克鲁普斯卡娅，有父子两代都是革命家的李卜克内西，有四个革命家还是烈士，即卢森堡、卡尔·李卜克内西、克鲁普斯卡娅和格瓦拉。我执意挑选出四位女革命家：蔡特金、卢森堡、克鲁普斯卡娅和伊巴露丽。这套丛书没有选入中国历史人物，这是因为中国工人出版社已于2012年出版了一套包括李大钊、陈独秀、毛泽东、刘少奇等在内的《中国工运历史人物传略》丛书。

这套丛书由我和出版社分头约请中国人民大学、北京大学、中共中央党校、国家教育行政学院、浦东干部学院、浙江工商大学等单位的老中青学者分别编写。其中有四位作者是我指导过的博士研究生，其余大部分作者都听过我讲课或者读过我的著作，对我的学术思想较为了解。2013 年 9 月 12 日中国工人出版社约请在京作者 10 人召开组稿会。我讲了编写这套丛书的基本要求。经过大家共同讨论，我们明确了写作与出版这套丛书的目的是帮助广大职工和青年学生了解与学习世界社会主义历史人物，缅怀伟大历史人物，汲取历史人物的经验教训，提高自己认知水平，增强社会主义信念，更加自觉地为全面建成中国特色社会主义而奋斗，并且更加自信地展望世界社会主义的光明前景。我们还明确了这套丛书是面向广大职工的普及型、大众化的传略，而不是学术性的人物评传，也不是带有想象性的文艺作品。因此要依据翔实、精确的史料，做到博观约取、厚积薄发，要加强故事性与可读性，又要注意思想性、理论性，要文风活泼，文字通俗，力求把书稿写成雅俗共赏、做到图文并茂，对大众有吸引力、能引人入胜、启人深思的传记。同时还要写到各个历史人物与中国的关系，在中国的影响，这样我国读者就会感到更加亲切。我还向每位作者提示了写好书稿的具体要求，向 7 位作者提供了我多年积累的有关 9 位历史人物的全部书刊资料，对每位作者都提出了如何写好书稿的建议。随后我还审读了部分书稿提纲和初稿，提出了一些修改意见。

还有一点我想要着重指出的是，我们这套丛书论述、颂扬历史人物的光荣事迹和功绩，是为了学习世界社会主义先辈中诸多先驱、先哲、先贤、先锋、先烈为社会主义事业锻炼成才的路径，心系群众的胸怀，艰苦奋斗的作风，甘于奉献的品格，勇于创新的精神 ，求真务实的态度，服务群众的本领，担当重任的志向，等等。我们为杰出人物谱写传略，并非是要鼓吹个人崇拜。社会主义伟大事业本质上是人民群众的事业。精英伟雄只有勤于密切联系群众，敏于集中群众智慧，善于宣传鼓动群众，精于组织指挥群众，坚决依靠群众，群策群力，才能成就社会主义事业。任何英雄圣贤由于个人思想领域、思想认识的局限性和思想作风、思想意识的欠缺性都难免有过失和错误。所以我们在这套丛书中是本着解放思想、实事求是的原则，纠“左”防右，在充分肯定历史人物成就与功勋的同时，也简要点明其不足与差错。不以成败论英雄，不以是非定圣贤。英雄难免也会失败，甚至失败得很悲惨；圣贤难免也有过错，甚至错得很离奇。善于学习者要精心学习别人、尤其是伟人的长处和优点，同时也要从其短处和缺点中汲取教训。但愿通过阅读这套丛书，我们能做到切实学习革命先辈典范，增强社会主义信念，出色完成本职工作，共同创建中国特色社会主义伟业，促进世界社会主义发展。

是所至盼，期然为序。

2014 年 6 月于中国人民大学寓所

# Contents 目录

# 引 子

根据高放老师的安排，我承担了《世界社会主义五百年历史人物传略》丛书中罗莎·卢森堡和克鲁普斯卡娅两位著名女社会主义革命家的写作任务。这里做此说明，是想告知读者：寿超耄耋的高放老师为了组织好这套丛书的写作和出版，尽心竭力，做了充分的准备和精心的安排，为许多作者提供了极大的帮助和指导。我是高老师的“编外学生”，听过高老师的学术报告，读过高老师的著作，并拥有高老师亲自赠送的文集，对高老师的学术思想有了解，很认同；这次我受命撰写两位女革命家的传略，大部分书刊资料都是高老师亲自提供的。另外，我丈夫丁广举放下他的事情帮我查找资料，核对有关资料，修订文稿，支持我按时完成写作任务。

由于求学期间曾以“国际政治”作为专业，从教以来又讲授国际共产主义运动史、世界通史等课程多年，故有机会了解俄国——苏联著名革命活动家和最早的马克思主义教育家娜捷施达·康斯坦丁诺夫娜·克鲁普斯卡娅（1869—1939 年）。她亦堪称 19 世纪后期至 20 世纪中期俄国——苏联时代的伟大国母。她的理想追求，她的人生之路，她的为人之道，她的教育理念都曾为我所关注，并曾对我有所影响，至今我家还珍藏着她的著作《列宁回忆录》和一些有关她的教育思想的书籍。高放老师主编该丛书，指派我为克鲁普斯卡娅作传，我甚感荣幸，欣然命笔。这也是缅怀革命先辈克鲁普斯卡娅——这位母仪天下、高尚非凡的女性和进一步向她学习的机会。

克鲁普斯卡娅这个光彩夺目的名字深深地镌刻在前苏联（1922 年年底—1991 年 12 月）各族人民的心中，永远载入了苏联共产党、世界工人运动、国际共产主义运动和世界教育的史册。克鲁普斯卡娅是俄国——苏联和世界无产阶级革命领袖列宁的夫人、朋友和战友。她的声誉远播，不限于此，她本身就是令人钦敬的伟人！

在此首先介绍关于苏联、苏联共产党的由来和名称的变化，以方便理解克鲁普斯卡娅的革命经历和这一时期俄国、苏联的一些重大历史事件的来龙去脉。

俄国作为一个国家出现，只有 1100 多年的历史。公元 9 世纪，居住在东欧平原上的一些斯拉夫人的部落以基辅为中心，结成一个大公国，称“基辅罗斯”，这是最早的俄罗斯国家。以莫斯科为中心的俄罗斯中央集权制国家的形成过程始于 14 世纪，完成于 16 世纪初。到 15 世纪末，莫斯科公国陆续征服周围的俄罗斯各公国，第一次形成了以莫斯科为中心，界于伏尔加河和第聂伯河之间的统一的中央集权国家。伊凡四世于 1547 年自称全俄罗斯沙皇，国名由“莫斯科公国”改称“沙皇俄罗斯”。从 16 世纪中叶第一代沙皇到 20 世纪初的末代沙皇，都不断地向外扩张领土。

1721—1917 年称俄罗斯帝国，通称“沙俄”或“帝俄”；1917 年十月革命胜利后，建立世界上第一个社会主义国家，称“俄罗斯苏维埃联邦社会主义共和国”；1922 年 12 月，“俄罗斯联邦”成为“苏维埃社会主义共和国联盟”——简称“苏联”；最多时由 15 个加盟共和国组成；1991 年 12 月，原 15 个加盟共和国全部分别成为独立国家，“苏联”正式解体；至此，“俄罗斯联邦”亦成为独立国家，称“俄罗斯联邦”，亦称“俄罗斯”，简称“俄国”。

列宁创建的无产阶级政党，于 1898 年成立，名称是俄国社会民主工党；1903 年第二次代表大会通过党纲、党章、选举党的领导机构时，发生严重分歧，拥护列宁的为多数派，称“布尔什维克”，拥护马尔托夫的是少数派，称“孟什维克”；1917 年 8 月—1918 年 2 月，列宁为首的党称俄国社会民主工党（布）；1918 年第七次代表大会决定改名为“俄国共产党（布尔什维克)”，简称“俄共（布）”；1925 年第十四次代表大会时，因国名已改为“苏联”，又改称“全联盟共产党（布尔什维克）”简称“联共（布）”；1952 年第十九次代表大会决定改名“苏联共产党”，简称“苏共”；1991 年苏联解体，经改组后称“俄罗斯共产党”。

克鲁普斯卡娅 1869 年 2 月 26 日出生于彼得堡一个没落贵族家庭，14 岁丧父；从此，即与母亲靠为人做抄写、教课及其他临时工作为生。她以优异的成绩读完中学，并很早就接触到大学的进步学生团体，参加其活动；1890 年就开始阅读马克思的著作，在工人夜校做教育工作，向工人宣传马克思主义。这时，她结识了列宁，并参加列宁发起的“为解放工人阶级斗争联合会”的创办工作。1896 年参加罢工时，她被捕了，被判处坐牢 6 个月，并流放 3 年；在流放地与列宁结婚。1901 年她逃亡国外，任列宁创办的《火星报》秘书。1903 年俄国社会民主工党第二次代表大会后，她是中央委员会国外局的秘书。1905 年年底，她从国外秘密回到彼得堡，积极参加俄国历史首次由无产阶级领导的 1905—1907 年俄国资产阶级民主革命。1908 年年初，她不得不再次出国。这时，她是俄国布尔什维克中央委员会的秘书；同时，深入研究教育问题，并参加《自由教育》杂志的编辑工作。这说明：克鲁普斯卡娅在青年时代就走上了反对沙皇专制统治和资本主义制度的革命道路。她在工人中间传播马克思主义思想，为工人阶级和全体劳动人民摆脱压迫和剥削的解放事业贡献出了全部力量、知识、智慧和忠诚。她与列宁共同经历了艰难的革命历程。她坚强地经受住了沙皇当局的迫害、监禁、流放和被迫长年侨居国外的种种磨难。在那些艰难的岁月里，她与列宁同甘共苦，始终是列宁的得力助手和精神支柱。克拉拉·蔡特金在谈及克鲁普斯卡娅始终是列宁可靠的支柱时说得好：“对生活目的和意义的看法完全一致，把她和列宁结合在一起。她是列宁的右手，是他主要的和最好的秘书，是他思想上最坚定的同志……”

1917 年春，克鲁普斯卡娅和列宁一起回国，在布尔什维克中央书记处工作，并参与建立社会主义青年联盟，参加十月社会主义革命。十月革命胜利后，她任教育人民委员部部务委员、副教育人民委员（副部长）；1920 年起任政治教育总委员会主席；1924—1927 年为党中央监察委员会委员，1927 年起任中央委员。1931 年起为苏联科学院名誉院士，1936 年获教育科学博士学位。

克鲁普斯卡娅是俄国——苏联共产党著名的活动家，在党的宣传工作方面贡献突出，称得上是宣传干将、主将、宿将。她是布尔什维克党主办的《火星报》、《前进报》、《无产者报》编辑部的秘书，是《女工》杂志主编。列宁在国外时通过她同在沙俄境内处于秘密状态的党中央机关、党的地方组织和活动家们进行联系。她担任党中央秘书多年，深受中央和广大工人、士兵的信任。从苏维埃政权建立的第一天起，直到生命的最后一息，克鲁普斯卡娅做了大量的党务工作和国务工作。她还是苏联及国际妇女运动著名的活动家，在组织和教育苏联妇女以及吸引她们参加社会主义建设方面发挥了巨大作用。在工作中，她密切联系广大劳动群众，平易近人，悉心倾听群众呼声。她经常会见工人、农民和教师，并同他们保持着书信来往，赢得了广大群众的尊敬和爱戴。

克鲁普斯卡娅是富有人格魅力、才华横溢、精力过人的革命家和教育家。英国著名作家别尔纳尔德·绍乌1931年在哥尔克村访问过克鲁普斯卡娅。这位英国作家认为"克鲁普斯卡娅非常招人喜欢"。他说："如果她正待在房间里，如果有人放进来一群小孩子，他们会紧紧地黏到她身上，她就再也别想挣脱他们的拥抱。"所有同她见过面的人都感受到克鲁普斯卡娅是一个很有感召力的人。这是因为她惊人的纯朴、诚恳和谦虚。她在听取交谈者发表意见时很耐心，作答有分寸，善解人意。无论是在谈话中，还是在回信中，她总是态度诚挚，用词精准，并信守诺言。可以说：她走访过的个人和集体都无条件地相信她。

克鲁普斯卡娅总是情绪饱满地工作着，通常她每天工作12到14小时。在身患重病时，她还仍坚持工作。关于她的会见、座谈、书评、通信、讲话数量之大，可以根据她在1929年写的一封信作出判断。在这封信中她谈到自己半个月来的工作，信中写道：共出席38次会议，发言20次，审阅160封信，还有一些小册子和文章，特别多的是同各种各样的人谈话，接见来访的各种代表团。

克鲁普斯卡娅是一个有高度原则性和高尚思想境界的人。阿·瓦·卢那察尔斯基对她的评价是："作为一个真正的革命者，娜捷施达·康斯坦丁诺夫娜是一个斗争性很强的人，她善于为了自己的理想和实现这些理想而斗争……"苏联劳动人民知道克鲁普斯卡娅对待自己承担的任务是非常负责任的，都真诚地拥戴她为苏维埃代表。自1921年至1939年，克鲁普斯卡娅一直是莫斯科劳动人民苏维埃的代表。“红玫瑰”纺织厂女工和别的生产集体多次提出选她为莫斯科市苏维埃代表；“红色火炬”工厂选她为首都列宁区苏维埃荣誉代表；第一次举行苏联最高苏维埃选举时，数十个工业和农业团体、文化机关提议让克鲁普斯卡娅当他们的代表候选人。克鲁普斯卡娅总是对选民们诚恳地表示：“同志们，我坚信自己不会辜负你们的信任。”1935 年接到被选入车利亚宾斯克市苏维埃代表的通知书后，她马上答复说：“我愿意同车利亚宾斯克市苏维埃的文化小组保持密切的联系。”克鲁普斯卡娅曾被许多城市推选为本市的苏维埃代表。

克鲁普斯卡娅一生走过了光荣的革命道路。高尔基称“这条道路是艰难的，壮丽的”。她同伟大的列宁在这条道路上肩并肩地度过了一生大部分时间，在四分之一世纪的岁月里，她是列宁的忠实朋友和助手，一生不遗余力地翊戴列宁和列宁的伟大事业。列宁逝世后，克鲁普斯卡娅的生活，正如蔡特金所言：只有一个内容占据她整个的身心，那就是“要顽强地继承列宁的工作的愿望”。作为列宁的夫人和战友，克鲁普斯卡娅是马列主义孜孜不倦的热情宣传者，是苏联党和社会主义建设经验的孜孜不倦的热情宣传者。1924 年，在她欢迎日本无产阶级青年的贺信中写道：“……反映在列宁主义中的俄国的经验，是每个国家的无产阶级都应当研究的。应当研究它，以便能够更好更深入地认识自己的斗争条件，以便用更坚定的步伐走向目的地。”她在演说、文章和回忆录中全面地阐述了列宁作为苏联党和苏维埃国家的奠基人、马克思主义理论家和革命运动组织者的生活和活动，突出了列宁思想对苏联社会主义建设、对全世界各国劳动人民所具有的重大历史意义。

克鲁普斯卡娅是俄国的第一位马克思主义教育家，是苏联著名的社会主义教育理论家和组织者，是前苏联教育学的奠基人之一。克鲁普斯卡娅富有创造性的教育活动，受到苏联教育界的高度评价。她直接领导或参与领导了苏维埃建立后苏联一系列重大教育法规、纲领与政策的制定工作。克鲁普斯卡娅特别重视对青年进行共产主义教育。苏联少先队和共青团活动的开创与发展是同她的名字分不开的。成千上万的人，只要他们的童年、青年时代和成年时代是在苏维埃政权最初几十年中度过的，他们永远铭记着同克鲁普斯卡娅的会见，永远铭记着她在俄国——苏联共产党、苏维埃、共青团代表会议上，在学校里和在少先队代表会议上，在其他各种社会组织会议上，在妇女会议上，在政治教育总委员会和国民教育委员会里的讲话，他们深受那些讲话的鼓舞、勉励和鞭策。

在前苏联的列宁格勒、明斯克、察里津（1925—1961 年称“斯大林格勒”；1961 年后改称伏尔加格勒）、雅罗斯拉夫里等很多城市里都有以克鲁普斯卡娅的名字命名的工厂；在奥尔洛夫和勃良斯克等地亦有很多集体农庄、舰艇用她的名字命名；在莫斯科、列宁格勒等很多城市的街道也以她的名字命名；有些高等和中等专业学校、州和共和国的图书馆也以她的名字命名；甚至在保加利亚人民共和国、波兰人民共和国也有学校以她的名字命名；联合国教科文组织还以克鲁普斯卡娅的名义建立了国际奖学金，并把该奖学金授予在扫盲运动中取得显著成绩的各国社会组织。克鲁普斯卡娅这个名字对全世界各国劳动人民来说都是非常宝贵和值得怀念的！正如美国共产党人所写的那样，“娜捷施达·康斯坦丁诺夫娜所做过的工作，使国际民主人士的友谊和工人阶级的团结更加巩固了，她是布尔什维克党培养出来的活生生的榜样……”

我们中国人早就了解克鲁普斯卡娅作为革命家的丰功伟绩和光辉形象，非常崇敬她，怀念她。七十多年前，即 1939 年 2 月底，当克鲁普斯卡娅逝世的噩耗传到中国时，广大劳动妇女深感悲痛。为追悼克鲁普斯卡娅和纪念国际妇女节及边区妇联成立一周年，陕甘宁边区政府机关报《新中华报》3 月 6 日发表社论《纪念“三八”国际妇女节，追悼克鲁普斯卡娅同志》，社论在历述克鲁普斯卡娅的历史功绩之后，称她是“全世界妇女运动的一面大旗”。《新中华报》于 3 月 8 日又发表文章介绍“共产主义战士、苏联教育家、列宁的夫人”克鲁普斯卡娅的生平，称她是“模范女革命家”。3 月 8 日，在延安北门外广场举行隆重的纪念大会。中共中央领导人毛泽东、王明、王稼祥、陈云、李富春、谢觉哉等人出席大会。各单位、学校代表和各条战线的女英雄、女模范参加大会。大会首先为克鲁普斯卡娅及在抗日战争中牺牲的女战士、女同胞默哀；毛泽东、王明、李富春、张琴秋、孟庆树、赵烽、曹桂芳以及各机关学校团体代表先后在大会上发言。毛泽东的讲话充分肯定了克鲁普斯卡娅和广大妇女在无产阶级革命斗争中的伟大作用。

从那时起，中国人民，特别是教育工作者不断从克鲁普斯卡娅的教育思想中吸取教益。1989 年，为纪念克鲁普斯卡娅诞生 120 周年、逝世 50 周年，许多教育工作者撰文阐扬克鲁普斯卡娅的教育思想，缅怀她对社会主义教育事业作出的杰出贡献。

克鲁普斯卡娅是中国人民尊敬的社会主义革命家和马克思主义教育家。她的教育思想在新中国得到广泛传播。尽管其教育思想在我国盛行的时间不长，但由于它是作为用马克思主义立场、观点和方法论述教育问题和列宁教育思想的经典而传入我国和被我国所接受的，其影响渗透到新中国教育理论和实践的诸多方面，并一直延续至今。我国20世纪80年代陆续出版了中文译本的《克鲁普斯卡娅传》、《克鲁普斯卡娅教育书简》和《克鲁普斯卡娅教育文选》（上、下卷），克鲁普斯卡娅的德育思想，包括集体主义教育思想、师德等等，在我国影响深远。上述教育思想在《外国教育家论德育》、《德育论》、《学校集体主义教育》等书中均有深入系统的阐述。克鲁普斯卡娅丰富的教育遗产是苏联社会主义教育学的重要组成部分，也是世界教育史上光辉的一页。她的教育思想在新中国广泛而深入的传播，不仅因为当时中国社会整个政治、经济和文化提供了存在的条件，同时也因其教育理论和教育思想本身的理论性、发展趋势所决定。今天看来，其教育思想有明显的“突出政治”的印记，品德教育也有流于空泛的倾向。

克鲁普斯卡娅的晚年是不幸的。她几乎亲历了斯大林“大清洗”整个历史黑幕。她思想上的困惑和心灵上的悲哀是可以想象的。根据一些当事人的看法和媒体的报道，甚至她的突然去世，都与斯大林的迫害有关。

1924年1月列宁逝世，斯大林坐稳总书记的位置后，加强了个人权力，逐步以国家经济建设政策中的分歧为由，大肆打击所谓“反对派”，大批党的高级干部遭到残酷镇压。特别是以1934年12月1日苏共中央政治局委员基洛夫被刺杀案为由，在全国范围内实行为期多年的大规模镇压，制造了大批冤假错案，使大批党政军领导人、知识分子和普通民众受迫害，遭流放，甚至被屠杀。例如，俄共（布）“十三大”选出的7名政治局委员，除斯大林外，其余6人全部被判处死刑、暗杀或自杀，包括：布哈林、季诺维也夫、加米涅夫（苏联政治活动家；1919—1925年为政治局委员，1936年8月，在“托洛茨基－季诺维也夫恐怖中心案”被判处死刑、枪决）、李可夫、托洛茨基、托姆斯基。再如1934年召开的联共（布）“十七大”选出的139名中央委员和候补委员中，98人（占70%）在1937—1938年被逮捕和处决；出席大会的1961名代表中，有1108名（占56.0%

以上）遭到逮捕。据有关资料披露：1939 年全苏监狱在押犯人达 900 万人，当时两个家庭中就有一人在服刑。克鲁普斯卡娅看着自己亲手建立的政权却在残杀自己的同志、战友、追随者和自己热爱的人民，该是怎样的痛心疾首?!

克鲁普斯卡娅曾试图反对斯大林的个人专断和恣意妄为，并在 1926 年短暂地加入"反对派"阵营。但是她势单力薄，又担心党会发生分裂，进退两难；最后只能退避了。而斯大林为首的统治集团却时时提防她，想方设法地从精神上折磨她，打击她，甚至千方百计置她于死地。她人生的最后岁月是在孤独、沉重和恐惧中度过的。

在克鲁普斯卡娅 1939 年 2 月去世以来的七十多年中，她为之奋斗的那片土地发生了天翻地覆的变化，是她难以想象的。

斯大林于 1953 年 3 月 5 日因脑溢血逝世，赫鲁晓夫（1894—1971 年）出任苏共中央第一书记，1958 年又当选为苏联部长会议主席。在 1956 年 2 月召开的苏共"二十大"，赫鲁晓夫作了《关于克服个人崇拜及其后果》的所谓赫鲁晓夫的"秘密报告"，揭露和批判了对斯大林的个人崇拜及其在国际共产主义运动中的严重后果，震动了整个社会主义阵营。任期内，他实施去斯大林化政策，为"大清洗"中的受害者平反。

1961 年在苏共第二十二次代表大会上，赫鲁晓夫提出"全民国家"、"全民党"，二十年后基本建成共产主义的目标；在经济方面，他推行物质刺激原则，提高农产品收购价格，取消义务交售制等；在对外关系上，提出两种社会制度和经济体系和平共处、和平竞赛的原则。

1963 年 9 月至 1964 年 7 月我党党报党刊人民日报、红旗杂志发表 9 篇编辑部文章，即九评苏共中央公开信，谴责赫鲁晓夫批判斯大林与搞经济改革，指责其背叛了马克思列宁主义，搞修正主义，即搞假社会主义，给苏共戴上了"苏修"的帽子。"苏修"这一称号一直延续到"文革"结束、邓小平复出工作并实行改革开放后废止不用。邓小平在反思这段历史时说："经过二十多年的实践，回过头来看，双方都讲了许多空话"、"意识形态争论的那些问题，这方面现在我们也不认为自己当时说的都是对的"。更为遗憾的是，当苏共试图纠正斯大林的错误时，我们却全盘肯定斯大林，又把斯大林的错误重新实践了一遍，导致了文化大革命这样严重的灾难，这一教训是极其深刻的。应该说：赫鲁晓夫时期的新政策猛烈冲击了"神圣不可侵犯"的斯大林模式，开启了苏联社会主义改革的大门，具有一定的探索性和开创性。但是，他没来得及从根本上打破斯大林模式。1964 年 10 月，他在黑海之滨度假时，勃列日涅夫在莫斯科发动了“政变”，赫鲁晓夫“被退休”，从此淡出政坛，1971 年逝世。

此后，苏联经历了勃列日涅夫、安德洛波夫和戈尔巴乔夫当政阶段，到 1991 年，苏联解体，克里姆林宫上空的红旗落地。克鲁普斯卡娅为之奋斗一生的理想黯然失色了。如果克鲁普斯卡娅地下有知，会作何感想呢？

早在叶利钦时代担任总理的普京这样说：“苏维埃政权没有使国家繁荣，社会昌盛，人民自由。”他说：“无论承认这一点有多么痛苦，但是我们将近 70 年都在一条死胡同里发展，这条道路偏离了人类文明的康庄大道。”2000 年，普京以代总统身份竞选总统时，引用了当时俄罗斯的民间谚语说：“谁不对苏联解体感到惋惜，谁就没有良心；谁想回到过去的苏联，谁就没有头脑。”2006 年，时任总统的普京提议为高年级中学生编写一部“非苏联味”的历史教科书。他希望被誉为“俄罗斯良心”的诺贝尔文学奖得主索尔仁尼琴（1918—2008 年）完成这一大业。但终因索氏年事已高，最后由安德烈·鲍里索维奇·祖波夫主编了《二十世纪俄国史（1894—2007 年）》。在该书出版前，索尔仁尼琴审阅并修改了相当一部分书稿。《二十世纪俄国史》指控苏维埃政权从创建开始就是泯灭人性的“红色恐怖”大屠杀，把 20 世纪 20—30 年代之交苏联的农业集体化称为“第二个农奴法”。据祖波夫介绍：参与《二十世纪俄国史》写作的 40 多位专家都认为二十世纪俄国历史上有太多的“空白点”，“不明白的地方”，因“政治化诠释”而严重失实的地方；向社会说明从尼古拉二世即位到 2007 年中一个多世纪俄国社会的全貌，是正直的历史学家的良心和责任。

时任俄罗斯联邦总理的梅德韦杰夫在 2008 年卫国战争纪念日接受采访时明确指出：“斯大林针对自己的人民犯下了滔天罪行。虽然说他在管理国家方面做了很多工作，虽然在他的统治下，前苏联取得了一些成绩，但他对自己的人民所犯下的罪行是无法饶恕的。”

在社会主义五百年发展的历史进程中，特别是国际共产主义运动兴起和马克思主义诞生以来，在工人运动内部和无产阶级政党内部，有过多次路线、方针上的分歧与斗争。实践证明：马克思、恩格斯、列宁并非一贯正确，斯大林更是犯有严重错误，在苏联，把托洛茨基与布哈林定性为“敌特”更是国际共运史上的震惊世界的两个最重大冤案。斯大林的错误路线和极权体制，斯大林带头实行的个人集权制、领导职务终身制与指定接班人制，是封建专制主义渗透到社会主义体制中的毒瘤，不仅是毁掉苏联社会主义事业的内因之一，而且其毒瘤蔓延也严重毒害了其他社会主义国家。这一严峻的历史教训不可遗忘。

## 第一章

# 贵族后裔

19 世纪 60 年代到 20 世纪上半叶，是俄国历史风云急剧变幻的时代。1861 年俄国废除了农奴制度，但沙皇专制制度依然存在，与英、法等先进的资本主义国家相比，俄国在政治、经济和文化教育方面还很落后，一般民众生活尚在艰难困苦之中。但是，农奴制度被废除后，俄国资本主义得到迅速发展。俄国的工业革命开始于 19 世纪的 30—40 年代；到 80 年代初步完成了工业革命，并出现了垄断组织；90 年代出现了经济高涨。由于垄断资本和具有军国主义传统的沙皇政权相勾结，形成了军事封建帝国主义。

同时，19 世纪 70 年代初，俄国的革命运动在经历了短期的沉寂之后又开始活跃起来。这时，俄国革命的主要领导力量是“民粹派”（俄国 19 世纪后半期一种带有空想社会主义色彩的平民知识分子思想流派），提出“到民间去”的口号，号召知识分子深入农村，发动农民起来推翻沙皇。到 80 年代，从民粹派中分裂出“民意党”（俄国 19 世纪 80 年代初革命民粹派的组织），主张用恐怖暗杀手段来消灭沙皇专制制度。“民粹派”在俄国曾起过一定的历史进步作用，但是，因局限于“农民是革命的主要力量”，而认为“工人阶级的诞生是俄国的不幸”，后来成为俄国无产阶级革命的障碍。在 19 世纪 70 年代，俄国工人阶级已经开始进行自发斗争，到 1883 年，俄国最早的马克思主义理论家和宣传家普列汉诺夫（俄国和国际工人运动活动家，马克思主义理论家和宣传家，俄国第一个马克思主义团体“劳动解放社”创立者，后来思想倾向于孟什维克，对十月革命持否定态度）已经在瑞士日内瓦组建了俄国第一个马克思主义组织“劳动解放社”，马克思主义开始在俄国传播。

娜捷施达·康斯坦丁诺夫娜·克鲁普斯卡娅（1869—1939 年）正是在这一历史时期出生于英雄故都彼得堡的一个具有贵族传统的家庭。克鲁普斯卡娅既继承了母亲的温柔秉性，又继承了父亲的正直品格。时代的脉搏，故土的灵气，家风的纯洁，滋养她成长，成熟；她在青年时代就走上了革命的人生道路。

## 英雄故里

1869 年 2 月 14 日（俄历），克鲁普斯卡娅出生在彼得堡。彼得堡是俄罗斯著名的历史文化名城，1703 年建城堡，位于波罗的海东岸普里涅夫低地的西部、涅瓦河和芬兰湾的汇合处——涅瓦河三角洲列岛上。至今已有 310 年的历史，因是俄国皇帝彼得大帝所建，故又称“圣彼得堡”。1712 年，彼得堡成为俄国的首都。其后 200 余年间，它始终是俄罗斯帝国的政治、文化中心。1914 年第一次世界大战爆发后，俄国与德国互为敌国，俄国遂用斯拉夫语表示城市的“格勒”取代来自德语的“堡”，“圣彼得堡”遂改名为“彼得格勒”。1918 年，俄国将首都迁至莫斯科。1924 年 1 月列宁逝世后，该城又改称“列宁格勒”。1991 年 12 月苏联解体后，又恢复了它的原名“圣彼得堡”。

彼得大帝

圣彼得堡以建筑精美闻名于世，素有

“地上博物馆”之称。彼得堡罗要塞、彼得大帝夏宫、斯莫尔尼宫、冬宫、喀山大教堂、圣伊萨克大教堂等建筑高雅华贵，多姿多彩。闻名遐迩的冬宫，坐落在圣彼得堡皇宫广场。1917 年沙皇被推翻以后，这座昔日沙皇的宫殿成了十月革命的象征，1922 年成为与之相毗邻的国立艾尔米塔什博物馆的一部分。另外，普希金、莱蒙托夫、高尔基等俄国名人都曾在此居住和从事创作。

在俄国历史上，圣彼得堡是一座英雄的城市。俄国 1905 年革命和 1917 年的二月革命和十月革命均在这里爆发。炮轰冬宫的“阿芙乐尔”号巡洋舰如今还停靠在涅瓦河边。第二次世界大战期间，这座城市被德国法西斯军队围困 900 天，寒冷和饥饿夺走了这里几十万人的生命。圣彼得堡（当时称“列宁格勒”）人民依然坚守住了这座城市，最终取得了反围困的胜利。苏联卫国战争以后，苏联政府授予这座城市为“英雄城”的荣誉称号，该城市人民的精神也成了俄罗斯民族精神的象征。

19 世纪末 20 世纪初，世界资本主义过渡到帝国主义阶段，在欧洲形成德国、奥匈帝国和意大利结成的“同盟国”和英国、法国、俄国组成的“协约国”两大军事集团，双方为重新瓜分世界和争夺殖民地展开激烈斗争，1914 年爆发第一次世界大战。20 世纪初，俄国的内外矛盾十分尖锐复杂，特别是俄国在日俄战争（日本和俄国 1904 年 2 月—1905 年 3 月为争夺中国东北和朝鲜权益而进行的帝国主义战争，主战场在中国东北境内的旅顺、沈阳等地）中的失败，引发了俄国严重的社会危机。1905 年 10 月，爆发了全俄工人大罢工、农民起义和士兵骚乱。以列宁为首的布尔什维克党则号召无产阶级举行起义，推翻沙皇专制制度，在彼得堡、莫斯科等城市发动武装起义。这就是著名的俄国第一次资产阶级民主革命，史称“俄国一九〇五年革命”。1917 年 2 月，第一次世界大战已到末期，由于俄国军事失利和经济危机，俄国又爆发第二次资产阶级民主革命，直接提出“打倒沙皇”、“打倒战争”，成立了彼得格勒工兵代表苏维埃，史称“俄国二月革命”。俄历 1917 年 10 月 25 日（公元 1917 年 11 月 7 日）在彼得格勒爆发了伟大的十月社会主义革命，成立了以列宁为主席的第一届苏维埃政府——人民委员会，开辟了无产阶级革命的新时代！

如今的圣彼得堡是俄罗斯重要的教育和科研中心之一。这里拥有众多高等院校和科研机构，其中包括彼得大帝时代建立起来的科学院。圣彼得堡也是俄罗斯仅次于莫斯科的第二大工业中心、重要的海港和造船基地，2004 年拥有人口 460 万。圣彼得堡还因其地处北纬 60 度的地理位置，仲夏时节日照近20个小时，“白夜”成为圣彼得堡的奇观。它通常发生在每年的六、七月间，在夕阳西下与旭日东升之间只有短暂的若明若暗的间隙。1988年，圣彼得堡与中国上海市结为友好城市。

俄罗斯斯莫尔尼宫

克鲁普斯卡娅就诞生在这座英雄的历史文化名城，并在这里生活成长，接受教育，参加工作，走向革命。

## 书香世家

克鲁普斯卡娅的父母都是贵族出身。本来意义的贵族指的是奴隶制社会、封建社会以及现代君主制国家里统治阶级的上层，他们享有特权。因权力、财产高于其他阶级而形成的上层权贵圈子，又可分为军事贵族、世俗贵族、宗教贵族，等等。在封建社会，则指具有世袭爵位和领地的各级封建主，主要是皇室的宗族子弟和功臣，还有显贵的世家大族。经过演变，贵族制度在一些国家延续下来，形成了稳定的贵族阶层。一般指社会上享有特权的阶层。由于其优渥的生活条件和良好的受教育环境，在贵族阶层中不乏有见识的开明之士。贵族也指品德高尚的阶层。与其相对应的英文是 aristocrat，源自古希腊语，意谓最好的公民。那些不靠血统，而靠知识和美德而获得“贵族”称号的人为“自然贵族”。被称为“贵族”，也有身价高贵的意思。贵族精神，本来是代表一种尊严，一种高超而端正的品行。法国政治学家亚历西斯·德·托克维尔认为：贵族精神的实质是荣誉。真正的贵族精神体现为文化教养和高尚的道德情操，自觉抵御物欲的诱惑，不以享乐为人生目的；真正的贵族精神也体现为自觉的社会担当，作为社会精英，严于自律，扶助弱势群体，能担当起社区与国家的责任；真正的贵族精神，追求的是灵魂的自由，有独立的意志，不屈从于权力与金钱。

托克维尔

克鲁普斯卡娅生于书香世家，是俄国贵族后裔，但她已经是没落贵族的隔代之胄了。她的祖父母谢世很早，到她父亲这一代家道已经中落。正如克鲁普斯卡娅后来回忆的那样：她所见到的家庭已经是“房无一间，地无一垅”，是一个破落的贵族知识分子家庭，过着清贫的生活。但她的家人受过传统教育，思想感情却逸出旧轨，不信宗教，相信科学；不满现实，同情穷人；对俄国社会持批评态度，与一些革命者有密切往来。为了生计，他们也给富人家“打工”。克鲁普斯卡娅的童年是在一种不平静的家庭生活中度过的，她不仅受到家庭的熏陶和影响，也有机会了解富人的生活方式和人间疾苦，感受到社会的不公平，陶冶了她悲天悯人的高尚情操。

克鲁普斯卡娅的父母展现了作为贵族后人应有的高贵品格和工作精神，并且深深影响了克鲁普斯卡娅。克鲁普斯卡娅父母亲的经历和遭遇有很多相同之处：他们都是孤儿，都曾免费就读于彼得堡寄宿学校，在艰苦的环境中度过了童年和少年时代。克鲁普斯卡娅非常爱自己的父母亲，把他们作为诚实、坚强、勇敢和大公无私的榜样。

父亲康斯坦丁·伊戈纳季耶维奇·克鲁普斯基，具有明显的民主主义思想倾向，经常有一些革命者到他们家来商讨机密的事情。克鲁普斯基就读于武备中学和炮兵学校，毕业后当了军官。他喜欢学习，博览群书；不信鬼神，急公好义，遇到不平之事，勇于仗义执言。1863 年，波兰人民起义反对压迫他们的沙皇专制制度、争取波兰独立时，克鲁普斯基还是个很年轻的小军官，受命去执行镇压波兰起义的任务，他却释放了许多波兰俘虏，并帮助他们逃往国外。年轻的克鲁普斯基心中充满对奴役、压迫和不平等的憎恨。1870 年，克鲁普斯基在军事法律学院学习毕业后，被派到波兰距离华沙不远的格鲁耶茨县（属波兰东部地区，当时在沙皇俄国统治下）去当县长。在他看来，派到波兰去的官员都应该是正直的人。但是，他到达上任的县城后，所看到的是一片乌烟瘴气，乱七八糟：犹太人的民族习惯不被尊重，一些人被拖到广场上，在喧嚣的锣鼓声中强迫他们剪掉鬓发；不准许波兰人在自己的墓地周围修栅栏，墓地被猪群践踏。对这些胡作非为的乱象，他明令禁止，还在当地建立了医院，并使医院的工作井然有序，发现贪污行为严加惩罚。他赢得了当地居民，特别是波兰人和贫穷的犹太人的爱戴，也招致了一些沙俄军官的非议、中伤和仇视。1872 年，克鲁普斯基受到诽谤性告密，上级认为他政治上不可靠，解除了他的县长职务。还给他罗织了 22 条“罪状”，诸如：说波兰话；跳波兰马祖卡舞；沙皇寿辰时办公室没有张灯结彩等，并将其送交法庭审判。后来，据说以“越权”为罪名，被当时属于俄国沙皇政权管辖的华沙高等法院判罪，剥夺了他担任公职的权利。实际上，起诉克鲁普斯基的原因，一是他同情波兰居民（所谓“波兰化”罪）；二是遵照第一国际伦敦会议的决议在格鲁耶茨县统计“农业生产者”（农业工人）的人数，并且安排一些工人参加这一工作。巨大的精神压力和折磨，严重地损害了他的健康。他的冤案，一直告到拥有最高统治权的枢密院，历经近十年，直到 1880 年 4 月，枢密院刑事上诉司才最终承认他“无越权罪”，宣判他无罪，撤销华沙高等法院的判决。此时，他的生命已经危在旦夕了。三年之后，在克鲁普斯卡娅 14 岁的时候，他就因肺结核病去世了。

克鲁普斯基丢掉官职以后，只好碰到什么工作，就做什么工作，当过保险公司代理人、工厂检查员，办理过诉讼案件。这期间，他们经常搬家，从一个城市到另一个城市，这使克鲁普斯卡娅有机会看到各种各样的人，观察和了解了社会各阶层人们的生活情况。她父亲在乌格利奇的“哥瓦尔德”工厂当检查员时，克鲁普斯卡娅常常在一旁听他们谈工厂里的一些令人气愤的事情，这使她从小就对工厂主产生敌意，同情工人。

克鲁普斯卡娅的母亲伊丽莎白·瓦西里耶夫娜与克鲁普斯基怀有同样的情感。她曾靠官费在一个女子学校学习。1858 年她从巴甫洛夫学院毕业后到一个地主家里当家庭教师，亲眼看到了农民的悲惨生活和所受到的折磨和歧视。克鲁普斯基服役的斯摩棱斯克团离那个地主庄园不远。两个年轻人很快就相识，并结婚了。克鲁普斯基夫妇最初是住在彼得堡，1870 年以后搬到克鲁普斯基任县长的格鲁耶茨县城。家庭生活很和睦，夫妇互相尊重、信任和关心。克鲁普斯卡娅从小生活在一个温馨的家庭环境中。父母很注意对女儿的教育。母亲常常提起她在一个女地主家里当家庭教师的情形，说那个地主怎样怎样虐待农民。一次，5 岁的克鲁普斯卡娅随母亲去女地主家做客时，竟闹起别扭：她不向女主人问好请安，也不说感谢的话。但在女地主的领地——鲁沙诺夫，克鲁普斯卡娅与农村一些儿童和妇女相处得火热，交了许多朋友。母亲心地善良，知书达理。克鲁普斯卡娅最初的学习，就是在家里由母亲辅导和指教。她很早就开始如饥似渴地读书，书籍向她展示了广阔的世界，也成了她快乐的源泉。她 10 岁上学（是一所中学）。她不喜欢这个学校，因为学校的女学监爱吹毛求疵，对骑马上学的富家小姐照顾备至，歧视衣衫褴褛的女孩；学校生活也非常枯燥单调。父亲看出她不喜欢那所学校，就让她转到了私立奥波连斯卡娅中学。她对这个学校很有好感。后来她回忆这所学校时说："它教给了我许多知识，培养了我的工作能力，使我长大成人。"

克鲁普斯卡娅 11 岁的时候，她父亲在女地主科夏卡夫斯卡娅家工作。女地主开设了一个文具工厂，父亲把工厂打理得井井有条。科夏卡夫斯卡娅家很需要一个像他父亲这样的人工作，所以待他很好。那年春天，克鲁普斯卡娅病得很厉害。按科夏卡夫斯卡娅一家人的建议，把她带到他们家的领地去住了一段时间。这一领地叫"山泉"，景色非常美，山坡上开满了野花，空气中散发着草香。虽然在这里克鲁普斯卡娅感到陌生，但是外出骑马，穿越森林，走过原野，她感到特别愉快。她回忆说：她来的第一天晚上，他们把她安排在一个华丽的房间里，睡在一张很讲究的床上。屋里异常闷热，她走到窗前，推开窗子，丁香花的芳香扑鼻而来；夜莺清脆悦耳的歌声不时传来……第二天，她起得很早，随后去了花园。在花园，她遇到了一个比她大的姑娘亚历山大·季莫菲耶夫娜·雅沃尔斯卡娅。她是本地的教师，大家叫

涅克拉索夫

她“季莫菲卡”。很快她们就熟络起来。女地主还出资办了一所学校。克鲁普斯卡娅也常常跑到学校去，同小朋友进行演算习题的比赛，一起朗读，过得非常快乐。她也去“季莫菲卡”的住处，她的房间里有很多儿童读物。每逢星期天，很多小朋友和青年人到“季莫菲卡”家里来，大家一起读涅克拉索夫（俄国诗人，革命民主主义者，熟悉农民的痛苦生活，反对农奴制度）的作品。“季莫菲卡”常常同克鲁普斯卡娅交谈，向她讲述农民、地主的一些情况，促使克鲁普斯卡娅萌生对农民的同情，而不喜欢地主。

更有一次经历使克鲁普斯卡娅对地主产生了很不好的看法。他们去了一趟附近的领地。那块领地属于一个叫纳吉莫娃的女地主。当地的人都对她曲意逢迎。科夏卡夫斯卡娅一家、教师“季莫菲卡”和五个高年级学生都去了。领地的花园经过精心修葺，水池周围盛开着鲜艳的蔷薇。住宅很是富丽豪华。他们在纳吉莫娃那里吃午饭。使克鲁普斯卡娅惊讶的是：房间里养了一群各种各样的小狗，小狗在椅子上跳来跳去。当他们坐下来吃饭的时候，来了两个光着脚的小姑娘，主人吩咐她们把菜汤先分发给小狗吃，然后才分给客人吃。这里的环境虽然美，但是在这里逗留，克鲁普斯卡娅感到很无聊。一说准备动身回家，她特别高兴。

克鲁普斯卡娅的家就住在科夏卡夫斯卡娅的工厂附近，距离科夏卡夫斯卡娅一家的领地约两俄里远（1 俄里 =0.9374 公里）。她跟在厂里干活的小孩子交上了朋友，与给工厂送木柴的老头也成了“朋友”。他们这些孩子常常跟老头到森林里去，帮助他把木柴装上车，跟着车走回来。她干活很起劲，手都脱了一层皮。她还接触到工厂附近的一些村妇，她们的工作是清理工厂用来造纸的那些肮脏的破布。她跟她们一起哼着歌儿，帮她们清理破布。一位村妇送她一只兔子，养在她家的楼梯下面。她还养了一只看家小狗，称它是自己的“一个好朋友”。

同“季莫菲卡”的交往，对克鲁普斯卡娅的影响很大，使她对乡村学校和乡村教师的工作产生了强烈的兴趣。当他们要搬家离开这里的时候，她舍不得离开“季莫菲卡”。以后她多次问起“季莫菲卡”，父亲告诉她：有一天，警察突然搜查了“季莫菲卡”的住处，查到一些文件和沙皇的画像，沙皇的画像上面写有一道算术题的演算，她被捕了，关了两年监狱。

## 中学时代

克鲁普斯卡娅转到彼得堡私立奥波连斯卡娅女子中学时是五年级的学生。这是一所在当时比较进步的学校。克鲁普斯卡娅喜欢这所学校：教师们教学和工作经验丰富，思想进步，用心地教给学生们以丰富的知识，注意培养她们独立生活和独立工作的能力。她感觉在这儿学习很有意思。她对许多课程都很喜欢，尤其是历史、地理、文学和数学。她还酷爱自然课。克鲁普斯卡娅勤奋用功，是学校里最优秀的学生。1886 年，当克鲁普斯卡娅中学毕业时，校务委员会的决议认为：她“毕业考试各门功课成绩优异，总平均分数为五分。选修法语成绩优秀”。因此，她取得了完全中学毕业证书，并荣获金质奖章。

父亲克鲁普斯基去世以后，家庭生活更加艰难了。按规定：她家每个月只能得到 9 个卢布的抚恤金。靠这几个钱来维持两个人的生活是根本不可能的。为了帮助母亲，14 岁的克鲁普斯卡娅就不得不一面在学校学习，一面找些临时工作，以贴补家用。因为她在学校各方面表现优秀，当她为了帮助母亲解决家庭生活困难请求校务委员会帮她寻找担任家庭补习教师的工作时，学校当局满足了她的请求。做家庭教师在当时是一项苦差事。有钱的家长都瞧不起女教师，常常干涉教师的教学工作。但是在她第一次给学生上课时没有出现不顺利的情况。一方面，因为克鲁普斯卡娅做得得体，没什么可挑剔的；另一方面，也得益于俄国革命家尼·伊·吴亭的帮助。吴亭很了解克鲁普斯基，对他的女儿也非常关心，并且尽力帮助了她。

克鲁普斯卡娅向往教育工作，但要做教师，还必须接受专门的训练。因此，她在七年制中学毕业之后，又上师范班（中学后加一年），并于 1887 年毕业，获得了担任教师的资格证书。然而，她一时还找不到做学校教师的工作，只好到她过去读过书的寄宿中学当课后辅导教师。1887—1889 年期间，她在那里工作得很出色，校务委员会于1889年5月20日给克鲁普斯卡娅颁发了证书，上面写道：

家庭教师娜捷施达·康斯坦丁诺夫娜·克鲁普斯卡娅两年来晚间给十名女生补习功课……她的学生们所取得的进步，说明她具有卓越的教学才能、牢固的知识和极其认真负责的工作态度。

同时，克鲁普斯卡娅还在一所女子职业学校工作，教女孩子们剪裁和缝纫。她喜欢孩子们，对她们亲切、和蔼、耐心、公正。她善于简单明了地讲解孩子们很难懂的问题。年轻的克鲁普斯卡娅显示出具有洞察儿童心理的非凡才能。女孩子们（其中包括著名作家弗·加·柯罗连柯的女儿）都非常喜欢和她在一起。她们经常怀着急切的心情等待着老师依次和她们见面。学生印象中的老师——克鲁普斯卡娅是“一个身材匀称、长着一双美丽的灰色眼睛、宽大的前额、梳着一条淡褐色长辫子的姑娘，……她和蔼可亲，心地善良。”这些都是做一个好老师的最基本的素质。一名经她辅导升入中学二年级的女学生回忆说：克鲁普斯卡娅经常举出日常生活中很普通的事例，教育大家观察周围的事物，思考为什么有的人穷，有的人富。她教育学生尊重劳动人民，培养她们对不公平现象和罪恶行为的憎恨情感。

青年时期的克鲁普斯卡娅

从已有的资料看，克鲁普斯卡娅是个独生女，从小就受到父母的宠爱，但是并不被娇惯，且形成了她勤劳、好学、自立的良好素质。从18岁开始，克鲁普斯卡娅就开始自觉寻求自己的生活道路了。她在1887年3月写给大文豪列夫·托尔斯泰的信中说：

最近以来，我日益明显地感到，迄今为止我一直享受着别人用心血换来的劳动成果。我在享受这种成果并用一部分时间去获得知识的时候，心里曾想，以后我将用这些知识为人们做些有益的事情。

# 第二章 时尚青年

克鲁普斯卡娅作为一个青年，其思想以及对事业和爱情的追求，都是非常“时尚”的。据一些革命者后来回忆，都认为克鲁普斯卡娅是个很时髦的姑娘。她的“时髦”，不是穿戴的新颖和入时，不是修饰的时尚和讲究，而是她思想的先进和开放。她勤于读书，敢于读“禁书”，接受革命思想很快。她很早就开始接触和阅读马克思的书了，当时读这样的书是非法的，是有危险的，甚至有生命的危险。她不慕虚荣，对一般女孩子喜欢的裙子、化妆品等不感兴趣，认为那都是一些表现虚荣的东西。那时她的家境也没有条件让她去追求和添置这些“奢侈品”。于是她选择了思想上的“时尚”，成为当地同龄人中的头号“革命青年”。克鲁普斯卡娅 24 岁时曾写下这样的学习心得：“读卡尔·马克思，如饮清泉。强大的工人运动，就是出路。”

## 酷爱读书

苏联著名作家高尔基说：书籍是青年人不可分离的生命伴侣和导师。他还说：读书，这个我们习以为常的平凡过程，实际上是人的心灵和上下古今一切民族的伟大智慧相结合的过程。

从人们的成长过程也一再证实：读书，可以修身、养性、怡情、励志；好书是滋养人的精神食粮，好书给予人的不单单是知识，而且能够唤醒人的心灵，增强个人生存的自信与做人的勇气；读书，可以说是享受，是充实生命；读书，不能满足人的物质欲望，却能使人得到精神的充实和灵魂的觉醒；读一本好书，就是和高尚的人谈话，了解人生的经验，更清醒地认识社会，认识人生。

凡是有大作为的人，莫不是酷爱读书之人。青年克鲁普斯卡娅酷爱读书，她特别喜欢并能背诵《火星》杂志上刊登的许多脍炙人口的诗篇。《火星》是19世纪60年代接近革命民主主义运动的讽刺性杂志。它所刊发的作品，辛辣嘲笑和猛烈抨击官僚作风、守旧思想、受贿行为、阿谀奉承和市侩习气。《火星》杂志在对民主主义知识分子进行思想教育方面起过相当大的作用。克鲁普斯卡娅后来回忆道："当时的讽刺作品产生了预期的效果，帮助我们这一代人从吃娘奶的时候就培养起对官僚主义制度的仇恨。"

最初，克鲁普斯卡娅为了充实自己的教学知识和提高教学技能，经常到彼得堡市立小学进行教学观摩，听有经验的教师讲课，同时读了许多书，特别是俄罗斯文学的经典著作。那些抨击剥削制度罪恶的文学作品对她很有吸引力，对她的世界观形成影响极大。

莱蒙托夫

克鲁普斯卡娅非常喜欢莱蒙托夫（继普希金之后俄国又一位伟大诗人）和普希金爱好自由的诗篇。特别吸引她的还有涅克拉索夫的作品，她童年时从母亲那里听到的第一首诗就是涅克拉索夫作的。涅克拉索夫是19世纪下半叶的伟大诗人，是俄国第一个在作品中反映底层人民痛苦生活的诗人，革命民主主义者。他对俄罗斯诗歌历史的影响巨大而深远。他的主要成就是长诗，其代表作《谁在俄罗斯能过好日子》堪称其优秀代表作。这首长诗被看做是俄国农奴制改革前后真正的生活百科全书，是一部深入到当时的俄国各个不同阶级的人们心灵里的作品。涅克拉索夫为长诗倾注了13年的辛勤劳动，诗人自己说：他把二十年来“一点一滴”积累起来的对人民的了解都写进了这部长诗。这部文学作品有力而真实地反映了俄国的社会生活。

克鲁普斯卡娅所热爱的作家还有屠格涅夫、列夫·托尔斯泰、车尔尼雪夫斯基（俄国革命民主主义者、文艺评论家、作家、哲学家）、别林斯基、杜勃罗留波夫（俄国革命民主主义者、文艺评论家、哲学家；一生反对专制制度和农奴制度）等。其中，屠格涅夫是享有世界声誉的俄国作家。从1834年发表处女作诗剧《斯捷诺》到临终前发表《散文诗》止，在半个世纪里，写作诗歌、剧本、小说、特写、书信、评论等共计数十卷，著作等身，其作品描绘了俄罗斯一个时代的社会生活。《猎人笔记》是屠格涅夫的成名作，作品通过猎人的狩猎活动，记述19世纪中叶的俄罗斯农村生活，揭露了农奴主的残暴，农奴的悲惨境遇。作者还因此受到迫害而被放逐。在屠格涅夫的笔下，俄罗斯的自然风光，俄罗斯人的风俗习惯，农民的善良、淳朴和智慧，像一幅幅俄罗斯风情画卷得以展示。《贵族之家》描写贵族地主出身的知识分子好发议论而缺少斗争精神的弱点；《父与子》刻画贵族自由主义者同平民知识分子之间的思想冲突。屠格涅夫的作品还善于刻画少女形象，并以写俄国自然景色见长，文笔细腻，富有诗意。对屠格涅夫的书，克鲁普斯卡娅爱不释手，深受其思想的感染。

屠格涅夫

克鲁普斯卡娅更是手不释卷地认真阅读和研判列夫·托尔斯泰（1828—1910年）的著作。托尔斯泰的全名是列夫·尼古拉耶维奇·托尔斯泰，俄国作家、思想家，19世纪末20世纪初俄国最伟大的文学家，19世纪俄国伟大的批判现实主义作家，是世界文学史上最杰出的作家之一，他被称颂为具有“最清醒的现实主义”的“天才艺术家”。其主要作品长篇小说《战争与和平》、《安娜·卡列尼娜》、《复活》等，在我们中国都很有影响。他的作品描

列夫·托尔斯泰

写了俄国革命时期人民的顽强抗争，因此被称为“俄国十月革命的镜子”，列宁曾称赞他创作了世界文学中“第一流”的作品。他的作品《七颗钻石》、《跳水》、《穷人》已被收入我国人民教育出版社和河北教育出版社出版的小学语文课本。

托尔斯泰猛烈抨击富人的奢侈和闲逸，抨击当时的专制国家制度，深刻揭露剥削的本质；指出工人如何由于过度劳累而未老先衰；农民如何拼命干活而难求一饱。托尔斯泰揭示事物的本质一针见血，鞭辟入里。克鲁普斯卡娅结合自己的所见所闻，由衷认为托尔斯泰的思想是正确的。

克鲁普斯卡娅曾向一位老民意党人请教：她应该怎样去帮助人民？这位民意党人建议她去教人们识字。她不满意这样的回答，坚定地表示：“在几百万人濒于死亡、到处是不幸、到处是谎言的情况下，我能只满足于教会十几个人识字吗？不，绝不能以此为满足！”

1887年春天，克鲁普斯卡娅在报纸上看到了列夫·托尔斯泰给一群姑娘——梯弗里斯（即第比里斯，1845—1936年曾名“梯弗里斯”，现为格鲁吉亚首都和经济、文化中心）中学毕业生的回信，回答她们提出的问题。这些问题也正是使克鲁普斯卡娅焦虑的问题。托尔斯泰的答复是：她们的任务在于把自己的知识传授给人民。他建议她们着手修改和完善那些为人民所写的书。因为这些书充满着与事实不符的错误，而且文字也很低劣。托尔斯泰对俄国独裁政权的国家、宗教、社会、经济制度进行了无情的揭露；呼吁加强自我修养，从事体力劳动，在教育方面帮助人民。这些都得到了克鲁普斯卡娅的积极响应。

1887年3月25日，克鲁普斯卡娅给托尔斯泰写了一封信，信文如下：

最敬爱的列夫·尼古拉耶维奇：

您在写给梯弗里斯的姑娘们要求您帮她们找点事情做的回信中说：您可以让她们做的事就是对舍金为民间出版的书做力所能及的修订。

不知您能否让我也参加这一工作？

最近以来，我日益明显地感到：迄今为止我一直享受着别人用心血换来的劳动成果。我在享受这种成果并用一部分时间去获得知识的时候，心里曾想，以后我将用这些知识去为人们做些有益的事。可是现在我却发现：我的知识似乎谁也不需要，我不会把这些知识运用到实际生活中去，甚至不知道怎样用它来稍微减轻一点由于我无所事事而产生的苦痛，——我不会也不知道为此应该从何做起……

我读了您给梯弗里斯的姑娘们的回信后，真是喜出望外！

我知道：要对一本即将献给人民去阅读的书进行修订，这是一项十分严肃的工作，这需要有很大的才干和丰富的知识才能够胜任，而我只有十八岁，知识很浅薄……

然而，我之所以还是向您提出了这一请求，是因为我想到：对这项工作的热爱会在一定程度上有助于弥补我的无能和无知……

因此，列夫·尼古拉耶维奇，如果可以的话，请赐寄一两本这样的书给我，我将全力以赴地去做好这项工作。我的历史、文学方面的知识要比其他方面好一些。

琐事相烦，打搅甚多，恳请原谅……不过我想此事也不会占用您过多的时间。

克鲁普斯卡娅

1887 年 3 月 25 日

使克鲁普斯卡娅惊讶和高兴的是，她很快就收到了托尔斯泰寄来的法国著名作家大仲马写的《蒙德克里斯托伯爵》（《基督山伯爵》，又译为《基督山恩仇记》）一书的俄译本。克鲁普斯卡娅在很短的时间里，按照法文原文校订了俄译本，对结构混乱和曲解原意之处进行了修订。完成后，她给托尔斯泰寄去了一个重重的邮包。她实在不晓得，她的翻译会有什么样的结果。不过，这时她已经清楚地认识到：要帮助痛苦到了极点的人民，应该寻找另一条道路。克鲁普斯卡娅又给托尔斯泰写了一封信。这封信的内容如下：

最敬爱的列夫·尼古拉耶维奇：

承蒙惠寄舍金版《基督山伯爵》一书，我把它与原文本加以对照后，尽量恢复了它没有反映出来的主线，删去了一些毫无意义的东西。

如果我所作的还能符合要求的话，拟恳请再赐寄一本给我改写。

克鲁普斯卡娅

1887 年 6 月 4 日

从上述信件可以看出：克鲁普斯卡娅积极、主动、勇敢，也很有才气和能力，是同龄人中的佼佼者。

## 追求新潮

谁是世上最伟大的思想家？英国广播公司（BBC）和路透社于 1999 年先后进行民意测验投票，卡尔·马克思得票最多，被公认为千年第一思想家，这就足见马克思主义的生命力和影响力。马克思揭示了人类社会发展规律和资本主义社会的矛盾，揭示了人的自由解放和全面发展等规律。1848 年《共产党宣言》的发表，标志着马克思主义的诞生，它是无产阶级和全人类解放的科学，是无产阶级和被压迫人民争取解放的强大思想武器。马克思的思想至今仍然很有魅力，举世无与伦比。

马克思

在 19 世纪 90 年代马克思主义就开始在俄国传播，但在当时的俄国，读马克思的书是非法的。克鲁普斯卡娅为了解决使她焦虑的人生问题和增强工作本领，1889 年 9 月，20 岁的她进入彼得堡别斯图日夫高等女子学校的历史语言系学习，兼听数学系的课程。就在这年秋天，她认识了一些加入社会民主主义组织（俄国第一批马克思主义者之一勃鲁斯涅夫在彼得堡建立的）的工学院的学生，并参加他们的活动，眼界大开。她积极参加革命的大学生小组活动，第一次知道了“国际”这个词，并开始阅读马克思的《资本论》第一卷及其他著作，如吉别尔的《原始文化概论》、沃龙佐夫的《俄国资本主义的命运》和耶菲缅科的《北方之研究》等。在这里，通过参加大学生社会民主主义组织的活动和学习，克鲁普斯卡娅找到了马克思主义并走上了革命的道路。她写道：“马克思主义给了我只有人才能享有的最大幸福：知识、斗争的道路和方向，以及一生斗争的事业和信念。”后来，她参加了勃鲁斯涅夫直接领导的马克思主义小组的活动。他们研究资本主义和工人运动在俄国的发展问题，讨论在多大程度上和用什么方法可以把马克思主义原理运用到俄国革命运动中去。克鲁普斯卡娅除了在小组研读马克思主义书籍之外，还读了凡是能够从公共图书馆和同志们那儿借到的所有马克思理论的著作。她如饥似渴地阅读恩格斯的《家庭、私有制和国家的起源》，但此书是中间部分和结尾都残缺不全的手抄本。当时还没有恩格斯《反杜林论》的俄译本。为了阅读这本书，她开始学习德文。

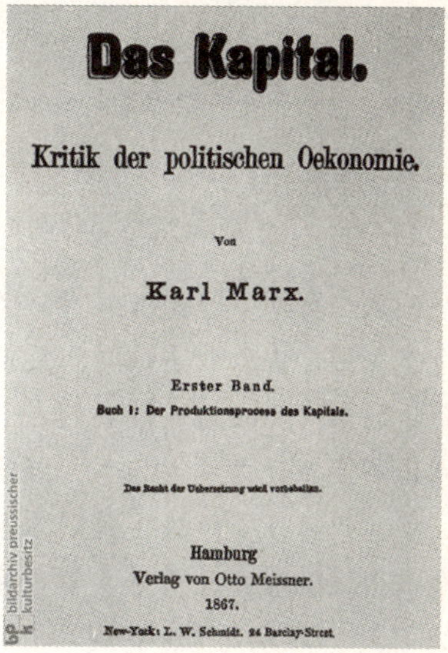

《资本论》封面

克鲁普斯卡娅回忆说：

我和妈妈在乡下租了一间小房子，我把书也随身带去了。整个夏天我跟房东、当地农民一起干活，因为他们人手不够。我帮他们的小孩洗澡，照管菜园……农村的生活使我陶醉……空闲的时候，我就贪婪地读着《资本论》。读头两章很困难，但从第三章起，读起来就顺利了。我就像饮着清泉甘露。从托尔斯泰的自我改造中是寻找不到出路的。声势浩大的工人运动——这才是出路所在。暮色苍茫时分，我坐在台阶上，读着“资本主义的丧钟已经敲响：剥夺剥夺者”，我仿佛听到了我的心在跳动……

## 夜校教员

克鲁普斯卡娅参加大学生的社会民主主义小组活动有三年时间，学到了许多东西，也改变了她对生活的看法。她不仅渴望知识，还想投入工作，希望自己做一个有益于社会的人。当时的大学生与工人群众联系很少，政府当局也不愿意让大学生与工人群众接近。

克鲁普斯卡娅决定到斯摩棱斯克村的星期日夜校去当教员。这所学校设在彼得堡的涅瓦关卡外，学校很大，约有600人，都是来自彼得堡一些工厂的工人，即纺织厂、制呢厂、烟草厂以及一些仓库的工人。许多人是文盲，许多人是有残疾的、衣衫破烂的穷苦人。从他们身上，克鲁普斯卡娅真正了解了工人阶级。她几乎每天都到学校去，从1891年到1896年间，在斯摩棱斯克的涅瓦河关卡之外的驿道上，经常可以看到克鲁普斯卡娅轻巧、朴素的身影，她脚步匆匆，赶往星期日夜校去给几百名工人上课。在这里，她与工人建立了广泛的联系，对工人的生活也有了深入的了解。沙皇政府允许设立这种学校，只是想提高工人的文化知识水平。克鲁普斯卡娅却以巧妙的方法向工人传播马克思主义的革命道理，使学校成了对工人进行政治教育的中心。在这里学习的许多学员后来都参加了革命运动，克鲁普斯卡娅本人也在政治方面得到了锻炼和提高。当时在这所学校讲课，只要不用“沙皇制度”、“罢工”、“革命”这些政府害怕的字眼，还是可以“畅所欲言”的。除了克鲁普斯卡娅，第二年又有几位马克思主义者来到学校。他们在向学员宣传马克思主义时，都不提马克思的名字，只是结合实际讲他的观点，工人们很容易接受。工人们对这些教师很爱戴，并注意保护他们。有时来了新人，对其政治倾向不甚了解，学员就会有人提醒：你今天可别发书（发宣传资料），新来了一个人，据说他当过修道士，我们得去摸摸他的底……一次一个上了年纪的工人提醒克鲁普斯卡娅：对那个穿黑衣服的人什么也别说，他常常跑暗探局。克鲁普斯卡娅后来写道：

从1891年到1896年，我在斯摩棱斯克星期日夜校工作。这几年的工作给我一生留下了美好的回忆，对我了解工人群众和工人的日常生活有很大的帮助。这几年也是我的马克思主义世界观开始形成和逐渐巩固的时期。

我在这所学校工作了五年，与工人建立了密切的联系，使我对工人的生活和对工人本身都有了深刻的了解；在这所学校度过的五年，给我的马克思主义信仰注入了新鲜的血液，使我同工人阶级永远团结在一起了。

克鲁普斯卡娅在这里不要任何报酬地当了五年教师。她自己认为：正是从这一年（1891 年）起，她才成为一个马克思主义者。克鲁普斯卡娅也是“星期日夜校”教师中第一位马克思主义者。克鲁普斯卡娅在学校工作的目的，就是要使学员们理解马克思主义思想。她尽一切努力把教材安排得好些，以便启发工人，使他们把学到的东西同周围发生的事情联系起来。在阅读课上，她总是选择一些主要描写工人和农民生活的作品。瓦·安·舍尔古诺夫（后来成为著名的布尔什维克主义者）回忆说：“我非常清楚地记得：她在一次讲涅克拉索夫作品的课上讲地主和沙皇政府如何剥削和压迫农民的情形。”他指出：克鲁普斯卡娅讲课简明易懂。不知怎么的，工人们听她的课总是感到心情舒畅，都乐意听她讲课。通常每逢星期四，夜校里组织朗诵会，各班学生都参加，约有二百人。朗读的都是小说，经常朗读的是托尔斯泰的作品。为了扩大学生们的政治视野，克鲁普斯卡娅提议用“地理课”代替朗诵会——讲述其他国家的概况、政治制度和工人运动的情况。这个建议得到其他教师的赞同。就在第一个星期四，教室里挂上了地图，由克鲁普斯卡娅讲述瑞典的情况。工人们肩并肩地坐在长凳上，屏住气，聚精会神地听讲，生怕漏掉一个字。课后，他们热烈地讨论所听到的内容。从此以后，学生们所喜爱的星期四“地理课”就成为定期的了。一位女教师说：“这些教师确实对学生们产生了革命化的影响。”夜校的教师还向工人们介绍达尔文的学说，讲解地球和人的起源，组织参观在私人住宅里举办的进步艺术家作品展览，参观爱尔米达日（列宁格勒美术博物馆）的流动画展。

达尔文

青年时期的列宁

彼得堡各工厂的工人们，凡是在“星期日夜校”听过课的人，都很喜欢这所学校。克鲁普斯卡娅非常勤奋，热情，忘我地工作。学生们看到她把全部心血倾注在工作中，都由衷地敬爱她。后来成了著名的布尔什维克、列宁的学生的伊万·瓦西里耶维奇·巴布什金在谈到这所学校时说：在这里，可以学到知识。在这里工作的所有教员都不要报酬，他们唯一的目的是在人民中间传播知识。为此他们心甘情愿地忍受政府的各种迫害。克鲁普斯卡娅回忆说：她有一个当纺织工人的学生卡拉谢夫，当他学会写字时，端端正正地写了这样一句话：你教我学会识字，我就送给你一件萨腊范（俄罗斯妇女穿的一种无袖长衣），并且祝愿你找到一个好丈夫。克鲁普斯卡娅班上的一个学员菲·伊·博德罗夫这样描写这个学校：学校使他明白了学习的目的，就是为了同剥削者进行斗争，帮助自己的工人和农民同志们。

克鲁普斯卡娅在斯摩棱斯克“星期日夜校”工作5年，直到她被捕入狱为止。这使她永远站在工人阶级一边，她的一些学生和同事，也在她的引导下成长为革命者，后来许多加入了布尔什维克党。那时，他们已经有了以德国工人党为榜样的马克思主义者的组织，称“社会民主组织”，但力量还很薄弱。1894年前后，列宁来到彼得堡，情况大为好转，组织得到巩固，宣传工作也得到加强。他们广泛散发宣传单，开始秘密印发宣传小册子，还准备秘密出版通俗杂志。一切准备就绪，不幸的事发生了，列宁与许多革命同志被捕。克鲁普斯卡娅等人继续组织力量散发传单，进行革命宣传，并组织了1896年8月的群众罢工。罢工之后，政府开始大搜捕，克鲁普斯卡娅也被逮捕。

# 第三章
# 领袖伴侣

爱情是美好人生的一部分。莎士比亚对爱情有过这样的见解："爱情不是花荫下的甜言，不是桃花源中的蜜语，不是轻绵的眼泪，更不是死硬的强迫，爱情是建立在共同的基础之上的。"克鲁普斯卡娅与列宁的爱情来得很快，很自然，可以说是一见钟情，志同道合。"列宁"本名弗拉基米尔·伊里奇·乌里扬诺夫，1901 年 12 月他在《曙光》杂志上发表文章时第一次使用笔名"列宁"，以后逐渐传开，影响越来越大，遂称"列宁"。克鲁普斯卡娅与他认识的时候，还没有使用"列宁"这个名字，他小克鲁普斯卡娅一岁。克鲁普斯卡娅对他们当时交往的情形是这样描写的：

我和弗拉基米尔·伊里奇在一个区工作，不久我们就相好起来。……罢工之后，政府开始大肆逮捕，被捕的也有我。在流放时，我们就结婚了。从此以后，我的生活就同他的生活紧密地连在一起了。

克拉拉·蔡特金说："思想和事业的一致性，把自己的个性全部溶化在革命行动中的精神，是娜捷施达·康斯坦丁诺夫娜同列宁结合的牢不可破的基础。”克鲁普斯卡娅与列宁相随相伴 30 年，相濡以沫，举案齐眉，甘苦与共，比翼齐飞，是令人钦羡的人世间的革命“黄金搭档”！

## 邂逅列宁

1893 年秋天，列宁从萨马拉（俄国伏尔加河中游城市，萨马拉州首府）秘密移居彼得堡从事革命活动。这一消息很快在彼得堡的马克思主义者之间传开了。克鲁普斯卡娅也得知从伏尔加河畔来了一位“很有学问的马克思主义者”，并且读过他的一部关于市场问题的著作，对著作中的精辟见解大为折服。她非常期待能与列宁见面，与他交流对革命的看法。

1894 年 2 月底，彼得堡的马克思主义者安排了一次与列宁见面的活动。活动是以在一个同志家吃春饼作掩护进行的。克鲁普斯卡娅参加了这次活动，这是她第一次见到列宁。克鲁普斯卡娅想象中的列宁，眼神睿智，谈吐优雅，思路清晰；实际见到的列宁超乎她的想象，坚定，无畏，颇具领导人风度与气质。二十几岁的列宁，已经是非常成熟的革命活动家了。他很消瘦，一副黑黑的面孔，前额宽大凸出，头发有些脱落，一双聪慧而敏锐的眼睛闪闪发光，炯炯有神。列宁谈笑风生，语言犀利深刻，与大家一起探讨俄国革命应该走什么样的道路，很富于深谋远虑。这次见面给克鲁普斯卡娅留下了难以忘怀的印象。会后在回家的路上，克鲁普斯卡娅从同路的同志们那里第一次知道了列宁的哥哥亚历山大·乌里扬诺夫的遭遇——1887 年因谋杀亚历山大三世被判死刑。后来，当她同列宁进一步熟悉以后，列宁亲自向她讲述了这桩悲惨事件的经过，谈了自己的家庭和母亲的情况。克鲁普斯卡娅感觉到列宁对他母亲非常体贴和尊敬。

列宁的哥哥亚历山大·乌里扬诺夫

此后，每逢星期天，列宁都去给工人夜校讲课，并且回来时常常到克鲁普斯卡娅家。列宁觉得与克鲁普斯卡娅很有共同语言。克鲁普斯卡娅因在夜校工作，很了解工人的生活疾苦和意见要求。她绘声绘色地讲述，他津津有味地倾听。当时，克鲁普斯卡娅正倾心于她给工人上课的那所学校。正如她自己所说的那样："只要同我谈学校，谈学生，不给我面包吃都行。"随着交往的加深，克鲁普斯卡娅对列宁的了解也逐渐加深。共同的理想，相同的志趣，将两位革命者的心紧紧连接起来，他们互相敞开了爱的心扉。从志同道合的革命友谊，很快发展成为心心相印的甜蜜爱情。

同列宁一起工作和随之而产生的友谊和爱情，对克鲁普斯卡娅政治上的成长起了巨大的促进作用。1894 年列宁写的《什么是"人民之友"以及他们如何攻击社会民主主义者?》一书，对她有很大的影响。这部著作深受俄国社会民主主义者的欢迎。克鲁普斯卡娅经常回忆起那些记着列宁这一著作的变黄了的笔记本给彼得堡马克思主义者留下的深刻印象。克鲁普斯卡娅曾讲道：

在一个小房间里，坐着我们几个人，伊里奇心情激动地读着他的小册子，我们也怀着激动的心情听着。在这本书中，弗拉基米尔·伊里奇特别强调最终目标的重要性和工人运动向何处发展的重要性。

克鲁普斯卡娅从这本书中学到了许多重要理论和马克思主义策略方面的知识，还从列宁那里学会了一个从事秘密工作的革命者应具备的能力和工作技巧。这决定了她后来在革命组织中能够发挥重要作用而居于重要地位。克鲁普斯卡娅首先成为星期日夜校的工人学生和秘密组织之间的联系人。当彼得堡社会民主主义者的活动受到暗探局监视的时候，她的这种作用就更加突出了。列宁在动身去国外前夕，提出为了预防一旦秘密组织的成员被捕，必须指定一个所谓的"继承人"，把一切联系都交给"继承人"。有关他的姓名与身份必须严格保密。列宁的这一建议被采纳，克鲁普斯卡娅便成了这个"继承人"。她完全具备完成这一使命的条件。因为从警察监视的角度看，她没有任何"把柄"，而在革命组织中她又享有崇高的威望。当列宁不在国内期间，克鲁普斯卡娅出色地完成了"继承人"的任务。克鲁普斯卡娅在官方铁路局会计处当缮写员，她利用工作之便同战友们秘密会见。实际上她这里成了秘密接头的地点。她对列宁的思想和意图心领神会，对革命工作一丝不荀，很快成为列宁志同道合的同志和战友，成为列宁的得力助手。

列宁在回忆对克鲁普斯卡娅萌生爱情的过程时，诙谐地说：

我们是在……一个村庄认识的。那时候我们不能公开讨论革命问题，要讨论必须以各种聚会的形式作掩护。记得有一天我们吃的是春饼，我认识了她，确切地说我爱上了她。我很清楚地记得是在我吃第四张春饼的时候爱上的。

爱情就这样奇妙地降临到他们身上。只是在当时为了革命，他们还要把爱深深地藏在心里。

后来，列宁与朋友谈起他们的恋爱史时，风趣地说：

我们都是马克思主义者，当时的革命斗争很残酷，很紧张，哪里顾得上谈恋爱这些事情呢？所以一直在心里憋着。后来我被流放了，到了流放地以后，我特别想念她，有一段时间想得什么都干不下去了，我就给她写了一封信。信的内容先是大骂了一顿民粹派，在信的结尾，我写上了几句：请你做我的妻子好吗？信寄出去以后，我天天盼着回信。有一天终于盼来了。她在信中也大骂了一顿民粹派，最后写道，有什么办法呢？那就做你的妻子吧。

## 同陷囹圄

1895 年 9 月，列宁从国外回到彼得堡。回来时，他随身带着一个双层底的箱子，在箱子的两层底中间装着秘密书刊。列宁立即受到了严密的监视。克鲁普斯卡娅的堂妹在警察局住址询问处工作，她听到一个暗探夸口说：他们已侦察到了国家要犯乌里扬诺夫的踪迹，现在他再也逃不出他们的手心了。克鲁普斯卡娅随即把这个情况告诉了列宁，列宁有了防备，暂时没有遇到危险。在列宁的推动下，1895 年 11 月，一个统一的政治组织——俄国无产阶级政党的萌芽——“彼得堡工人阶级解放斗争协会”组成。在列宁领导下，该组织取得了巨大的成就。他们从在工人小组范围内宣传马克思主义转到群

1895 年的列宁

众性地大规模地宣传大家所关心的经济和政治问题。这是在俄国实现科学社会主义同工人运动相结合的开端。该组织还决定出版秘密报纸《工人事业报》。列宁为报纸写了社论。社论指出：工人阶级的历史任务，首先是争取政治自由。克鲁普斯卡娅是《工人事业报》的通讯员，实际上也是编辑部的秘书。但因稿件被警察抄走，该报没能出版。1895 年 12 月 8 日深夜，列宁和“工人阶级解放斗争协会”的其他领导人被捕入狱。领导人被逮捕也没有切断列宁同“工人阶级解放斗争协会”的联系。列宁通过亲属和克鲁普斯卡娅继续与“工人阶级解放斗争协会”保持联系和指导斗争，为建立统一的无产阶级政党打下了基础。

1896 年秋天，克鲁普斯卡娅的名字也在警察局的报告中出现了。8 月 10 日，彼得堡市长在一份绝密文件中通知警察局局长：八级文官的女儿娜捷施达·康斯坦丁诺夫娜也参加了在工人中间进行罪恶宣传的活动；并在文件上批示：“12 日星期一夜里进行搜查和逮捕。”宪兵在克鲁普斯卡娅的住处没有找到任何他们感兴趣的东西，而“工人阶级解放斗争协会”的文件和列宁用暗语写的手稿放在一起，藏在旁边一个圆桌空心的桌腿里面（列宁交给克鲁普斯卡娅的这张圆桌设计了这个功能，这次发挥了巨大的作用）。尽管没有找到任何“罪证”，克鲁普斯卡娅还是被捕了。根据是：暗探局的侦探在报告中指认她同“工人阶级解放斗争协会”的活动有联系，并且参加了在工人中间进行宣传的活动。审讯中，克鲁普斯卡娅拒绝承认自己“有罪”。检察员手里没有物证，因此，克鲁普斯卡娅于 1896 年 9 月 10 日获释。但是，警察局却从此开始对她实行了特殊的监视。

克鲁普斯卡娅恢复自由之后，没有停止革命活动，着手恢复与“工人阶级解放斗争协会”的联系。克鲁普斯卡娅 1896 年 10 月 28 日第二次被捕。她在拘留所遭到长时间的“审讯”，表现坚定而勇敢。为了保护“工人阶级解放斗争协会”的同志免受怀疑，她对指控她的“事实”进行了巧妙的驳斥。

1897 年列宁和“彼得堡工人阶级解放斗争协会”的成员们

列宁与克鲁普斯卡娅被关押在同一个拘留所，他们通过前来探望的亲属取得了联系，开始互相通信。克鲁普斯卡娅回忆说：“弗拉基米尔·伊里奇的信洋溢着乐观精神，谈论着工作。同志们看到这些信就忘记了自己是关在监狱里，也干起工作来了。”在监狱里，克鲁普斯卡娅专心学习，读了许多书，并且自修英语。“克鲁普斯卡娅的坚强甚至使那些饱经世故的法院官员和狱吏都感到震惊。一个观察过克鲁普斯卡娅在监禁中行为的检察官在一次审讯中引用涅克拉索夫的话对她说：‘现在我看到，在您冷静的外表之下，隐藏着对革命的无限热爱’”。判决书中写道：

……被告人克鲁普斯卡娅滥用自己在什吕谢尔堡大街星期日夜校任女教师的地位，在涅瓦关卡外起了知识分子代表人物，即非法的社会民主主义协会代表人物的作用。工人们有事需要找有学识的领导人时，就去找她。

克鲁普斯卡娅的母亲伊丽莎白·瓦西里也夫娜为女儿的被捕感到很痛苦，曾设法以她有病为由，努力争取克鲁普斯卡娅能够尽早获释。但是，警察局未予理睬。一个偶然的机会，克鲁普斯卡娅的案件没有进行判决，她就于1897年3月12日提前被释放。恢复自由之后，克鲁普斯卡娅立即重新投入“工人阶级解放斗争协会”的活动，同其他革命同志一道，开始积极筹备俄国社会民主工党第一次代表大会。

到1897年12月底，克鲁普斯卡娅还是被判处流放乌法省三年。乌法省地处在乌拉尔山西侧、别拉亚河畔，1574年建为要塞。20世纪中期随伏尔加－乌拉尔油田的开发迅速发展。现在为俄罗斯巴什科尔托斯坦共和国首府。

## 相伴流放

1897年2月，当列宁被宣布流放西伯利亚的时候，克鲁普斯卡娅还在监禁之中。在动身去西伯利亚之前，列宁用“化学药水”给她写了一封信，向她表示了爱情。列宁对克鲁普斯卡娅的心意，对他的亲属来说，早已不是什

列宁流放在舒申斯克村第一年的住所

么秘密。列宁的姐姐安娜·伊里尼奇娜在安慰母亲时说：列宁要流放了，但他将不是一个人去。意思是说克鲁普斯卡娅会陪同他去的。因为当时他们二人关系的发展趋向已经看得很明显了。列宁的母亲玛丽亚·亚历山大罗夫娜认识克鲁普斯卡娅，并同她不止一次见面。她对儿子所选择的对象非常满意，很是喜欢和信任。

克鲁普斯卡娅在幸运获释到再次被判决流放的这段时间里，把她焦急不安的问题和每天从事的工作，以及发生的革命事件、党内消息都定期写给远在舒申斯克村的列宁，还选寄一些列宁需要的书籍，并且尽心尽力完成列宁委托给她的各种任务，其中包括出版他的《经济研究和文章选集》。列宁每次都及时给她回信。他到舒申斯克村后，再次用“化学药水”给克鲁普斯卡娅写密信，请求她到自己的身边来，同她结婚。克鲁普斯卡娅深深地爱着列宁，但是她是一个非常理性和善于控制自己感情的人。在表示“同意”列宁的求爱时，她还幽默地说：“那好吧，做妻子就做妻子吧。”

当1897年12月底克鲁普斯卡娅被判处流放乌法省时，她就向内务部长提交申请，要求把她的流放地点改为舒申斯克村，理由是：她要嫁给在这个

列宁与克鲁普斯卡娅在流放地结婚时的教堂

村流放的政治犯弗拉基米尔·伊里奇·乌里扬诺夫（即列宁）。因为列宁的流放期在1900年结束，她还要求把她的流放期缩短为两年。列宁也致电警察当局，要求批准娜捷施达·康斯坦丁诺夫娜流放到舒申斯克村。克鲁普斯卡娅改换流放地的要求被批准了，但是没有被同意缩短她的流放期。

1898年4月中旬，克鲁普斯卡娅在母亲的陪同下动身前往流放地。路途遥远，差不多六千俄里（1俄里为0.9374公里），行程艰难，路上要乘火车、轮船和马车。她们带的行李很多，给列宁带了大量他所需要的书籍。为了使他夜里工作方便，还特地为他带了一盏台灯。

列宁得知克鲁普斯卡娅和她的母亲即将到来的消息后，心情非常激动，并且立即着手做接待的准备。给她们找好了住处，住处就是他隔壁的一间房子，与他是同一个房东。

1898年5月7日，克鲁普斯卡娅和母亲来到了列宁的流放地——西伯利亚东部米努辛斯克县的舒申斯克村。她们到达时，列宁打猎还没有回来。掌灯时分，列宁带着猎物回来了。他老远看见自己的房间里亮着灯，有些纳闷，就去找房东打听。房东借机跟列宁开了个小玩笑，说："不得了啦！村里的一个醉汉闯进你的屋子，将书扔了一地。快去看看吧！"列宁赶快向自己的房间奔去。这时碰巧克鲁普斯卡娅从屋里出来，两人险些撞个满怀。房东在旁边看着，笑得前仰后合。善良的房东由衷地祝福这对年轻人在苦难中相会。

长期的等待结束了，离别也结束了。彼此要说的话太多了，怎么说也说不完。克鲁普斯卡娅带来了许多新消息：列宁亲人们的情况（她在来流放地途中曾顺便到莫斯科看望了他们）；革命组织的活动情况；1898年3月举行的党的第一次代表大会的情况，等等。

克鲁普斯卡娅一到舒申斯克村，警察当局就催促他们马上结婚，威胁说不然就把她押送到乌法去。两个月后，1898年的7月10日，由几位同村的农民作证婚人，列宁和克鲁普斯卡娅举行了简单婚礼，正式结为夫妻。婚礼是在教堂里举行的。因为当时只有履行宗教手续的婚姻才被承认是合法的。而且只有在他们办完结婚手续的情况下，警察局才允许克鲁普斯卡娅住在舒申斯克村。而且，应发给流放者的津贴也只有在举行了宗教结婚仪式后才能得到。克鲁普斯卡娅办完结婚手续之后，在西伯利亚流放期间每月可以得到8个卢布的津贴。

列宁与克鲁普斯卡娅在流放地的住所

克鲁普斯卡娅的母亲伊丽莎白·瓦西里耶夫娜替他们管理家务。她非常关心女儿和列宁。列宁对她也十分敬重，十分亲热。克鲁普斯卡娅开始对农村生活条件不习惯，但是，渐渐地也就适应了。他们甚至还开辟了一个菜园。好多年以后，克鲁普斯卡娅回忆说：

我们的菜园里长着各种蔬菜——黄瓜、胡萝卜、甜菜、南瓜；我为我们的菜园而自豪，我们的院子成了一个小花园。

列宁和克鲁普斯卡娅互敬互爱，和睦相处，家庭生活很美满。她曾写道："要知道，当时我们是新婚夫妇，我们二人的共同生活减轻了流放中的苦难感觉。"克鲁普斯卡娅的到来，疏解了列宁生活和工作上的困难，他的孤独感也消失了。克鲁普斯卡娅非常体贴人，做事又细致。于是，列宁那种远离无产阶级革命中心、无法在工人阶级中间直接进行革命斗争的感觉也不强烈了。

克鲁普斯卡娅的到来也使舒申斯克村的其他流放者感到高兴。他们同甘共苦，相处得非常和睦。她经常帮助他们学习马克思主义——《共产党宣言》和《资本论》。十月革命胜利后，一位当年的流放者恩格贝尔格回忆那段生活时写道："她挑起了对我进一步进行政治教育的担子。首先，我们把《共产党宣言》从德文译成俄文……然后，我们开始阅读马克思的《资本论》……读完了整个第一卷。我的政治水平得到了明显的提高。"他用一枚5戈比的铜币为列宁和克鲁普斯卡娅做了一副订婚戒指，克鲁普斯卡娅一直珍藏着。当克鲁普斯卡娅要离开舒申斯克村时，恩格贝尔格为了纪念他们共同的学习生活，送给她一个自制的胸饰，样子像一本书，上面写着"卡尔·马克思"。克鲁普斯卡娅非常善于团结人和联系群众，她回忆写道：

《共产党宣言》

这一段时间，我们和舒申斯克的同志们在一起相当习惯了。要是有一天奥斯卡尔或普罗敏斯基不到这里来，简直就像缺少一件什么东西似的……

他们一起庆祝1899年的"五一"节，同唱革命歌曲。这天晚上列宁和克鲁普斯卡娅都很激动，久久不能入睡，盼望着有一天他们能参加工人们举行的声势浩大的游行。

克鲁普斯卡娅对自己的婆婆——玛丽亚·亚历山大罗夫娜的关心也是令人感动的。她知道婆婆为自己的儿子担忧，就竭力安慰她。克鲁普斯卡娅刚到舒申斯克村就写信告诉婆婆："……他身体好极了，他的气色比在彼得堡的时候好。"克鲁普斯卡娅给亲人们的信充满了乐观主义精神，把她和列宁的工作、休息都写得极为具体。为了宽慰亲人，她竭力赞美他们在那里的生活，有时甚至有意往好处说，比如说："依我看，住在舒沙很不错，这里离森林和河流都很近"；"我们每天晚上出去散步。……叶尼塞河对岸真是美极了"；"……今天，太阳在美丽的蔚蓝色的天空中放射着异彩。""……我们这里正是美好的宁静的冬天，可怕的西伯利亚的严寒连影子也没有……"克鲁普斯卡娅以亲切幽默的笔调向列宁的亲人们叙述舒申斯克村的生活、游玩、

克鲁普斯卡娅

采蘑菇以及列宁所喜欢的打猎。克鲁普斯卡娅出自对亲人的爱护，从不向他们诉说流放地的艰苦和他们遇到的麻烦以及列宁由于不能更方便地参加党的工作而产生的烦闷情绪。她的信也流露出对列宁深情的爱。她曾说过：列宁到克拉斯诺亚尔斯克去了。列宁不在家，她就感到有点无聊、寂寞……

流放期间，克鲁普斯卡娅是列宁进行理论创作工作的得力助手。她竭尽所能地帮助列宁工作。在舒申斯克村，列宁写了多部著作，其中包括他的主要著作《俄国资本主义的发展》。克鲁普斯卡娅是其第一个读者和评论者，并时而提出善意的批评。1898 年 10 月 14 日，她给列宁的妹妹乌里扬诺娃写信时谈到了这本书，她说："第一章已经告成，我觉得这一章很有意思。我装成一个'修养不高的读者'，要来判断'市场'的论述是否明确，想特别吹毛求疵一下，但挑不出什么毛病来。"他们还共同把英国著名社会活动家维伯·悉尼·詹姆斯（英国费边主义理论家、经济学家、社会活动家）和比阿特利斯·维伯（维伯·悉尼的妻子）的《英国工联主义的理论和实践》第一卷译成俄文。列宁兴奋地给母亲写信汇报他们的成就，说："我跟娜嘉现在已着手校对维伯著作第 2 卷的译稿。"他还在另一信中告诉母亲："我和娜嘉马上就着手阅读伯恩施坦的书，现在已读完一半以上。但书的内容越来越使我们吃惊。理论上太差了，……实践上是机会主义，……许多俄国人都支持他……这使我们非常气愤。"

对克鲁普斯卡娅来说，同列宁在一起生活和工作，为她以后从事革命活动作了很好的准备。流放中她阅读和研究了马克思和恩格斯的一些著作。而对列宁的许多著作，还在写作过程中她就熟悉了。此外，她在流放期间还学习了英文、德文和波兰文。

列宁认为克鲁普斯卡娅是一位学识渊博的马克思主义者，很重视她的意见，经常同她交谈思想和写作的打算，同她讨论建党计划，并且提出建党工作应从创办一份全俄罗斯的秘密政治报纸开始。

舒申斯克村博物馆中的列宁像

在流放中，克鲁普斯卡娅表现出了一个党的工作者所具有的杰出才干。这种才干的进一步发展，使她成为列宁不可缺少的助手和秘书。在那些年代里，列宁的几乎所有工作上的信件往来，不管是秘密的还是公开的，都是由她经手办理的。她一直同其他地方组织保持着联系。往来的信件非常广泛，有的来自欧洲地区，更多的是来自国内，特别是附近地区的同志们。信的内容也非常广泛，包括各种俄国消息，有的谈将来的计划，有的谈新书，有的谈哲学问题。克鲁普斯卡娅的这些活动被敌人觉察。警察局在一份报告中指出："……乌里扬诺娃（列宁的妻子）从1898年以来同许多人进行着有关党的工作方面的广泛而秘密的通信。"

列宁对妻子的帮助和关怀也是无微不至的：指导她的学习；关注她的身体健康；尽量让她到空气新鲜的地方去活动……夏天，他们经常一起游泳；冬天，一起滑冰。列宁还给克鲁普斯卡娅买了一件皮袄。她在给列宁亲人的信中写道："……这件衣服非常柔软，穿上就不想脱下。"

这对革命伴侣互敬互爱，互相信任。信任是夫妻之间最重要的原则之一。他们夫妻之间订了一个"互不盘问"的"条约"。以后又加了一条：如果互相有了意见，绝不隐瞒。在几十年的共同生活中，他们谁都没有违背这些"条约"。

根据列宁的建议，在舒申斯克村，克鲁普斯卡娅写了《工人妇女》这本小册子。这是俄国第一本描写劳动妇女状况的马克思主义小册子。克鲁普斯卡娅在这本书的序言中引用了涅克拉索夫的著名诗句："你，命运啊！俄罗斯女人的命运！大概找不到比它更辛酸艰苦的了。"克鲁普斯卡娅指出了在沙皇制度下劳动妇女的苦难遭遇：如果说，她们所承担的劳动量即使不比男人大，但也不比男人少；她们和男人一样挣扎在饥饿线上，吃不饱，睡不好，她们所受的痛苦和屈辱比男人还多。小册子深刻地分析了工人妇女、农妇及小作坊和手工业作坊中劳动妇女的生活状况。克鲁普斯卡娅以鲜明的事例得出这样的结论：

工人妇女的地位同整个无产阶级紧密地联系在一起，没有无产阶级的胜利，妇女也不可能得到自身的解放。只有决心以社会主义代替现行制度的工人们的完全胜利，才能使妇女最终获得解放。

克鲁普斯卡娅号召劳动妇女在争取工人事业胜利的斗争中同男人并肩前进。她解释说：这样，工人的战斗队伍就会更加壮大和团结，无产阶级就会更快地取得社会主义的胜利。

这本书还阐述了家庭、学校和教育青年一代的问题。俄国社会民主工党第一个纲领在教育、保护妇女和儿童劳动方面的许多条文同克鲁普斯卡娅在这本书中提出的要求几乎一字不差，例如：免除妇女产前和产后的劳动；在工厂为婴儿和幼儿设立托儿所；母亲在哺乳期上班时间可以喂奶；禁止使用未满 16 岁的童工；对未满 16 岁的男女儿童实行免费义务教育；由国家供给贫苦儿童膳食、服装和教材等等。这本书于 1899 年写完，后来克鲁普斯卡娅转到乌法流放期间，又补充了有关妇女参加罢工斗争的内容。

1900 年 1 月 29 日，列宁流放期满。当天他就同妻子和岳母一起离开了舒申斯克村。许多流放者和农民前来送行。他们骑马起程，在米努辛斯克小憩之后，冒着零下 30 度的严寒，日夜兼程；途中又改乘火车，经过长途跋涉，方到达乌法。克鲁普斯卡娅还要在乌法度过一年流放的岁月。1900 年 2 月 6 日，克鲁普斯卡娅同母亲和列宁来到乌法。尽管这里属于列宁禁住的城市，但列宁为了帮助克鲁普斯卡娅在这个陌生的地方“安家”，还是暂时留了下来。令他最为担心的是：当局是让克鲁普斯卡娅留在省城，还是让她到什么县里去？最后，当局还是同意克鲁普斯卡娅留在省城，但直到 2 月底才落实，那时列宁已离开乌法。

2 月 7 日，克鲁普斯卡娅到警察局交验通行证，警察局随即开始对她进行公开的监视。克鲁普斯卡娅在同志们的帮助下找到了一所比较合适的住处，开始逐渐适应这里的生活。这时，她必须首先考虑如何谋生。因为列宁结束流放之后，她失掉了按规定发给流放者妻子的那份微薄的津贴。列宁没有固定工资，不能在经济上定期地帮助她。一些在这里服役多年的流放者帮助克鲁普斯卡娅找到了做家庭教师的工作，并可以借此机会积极开展革命工作。在她的领导下，他们甚至到远离城市的乌拉尔工厂中去进行鼓动和宣传工作。于是，很快乌法成了俄国东部地区革命活动的中心之一。

1900 年 6 月 15 日，列宁同母亲和姐姐一道来看望克鲁普斯卡娅。这使她高兴极了！她兴奋得茫然不知所措，该干什么都忘了。由于原来的房子要修理，克鲁普斯卡娅不得不搬到监狱和宪兵队大街（现在的克鲁普斯卡娅和多斯托耶夫斯基大街）拐角处的 78 号（1941 年在此建了列宁纪念馆）。列宁取笑说，对她来说，这是最合适的街道了。

列宁向克鲁普斯卡娅兴奋地讲述了他几个月来已经完成的事情以及见到过一些什么人和哪些人答应支持正在筹办中的《火星报》。由于列宁的到来，召集了一系列会议。会上列宁阐述了在全俄办革命报纸的意义。列宁还同专程从其他城市来乌法的社会民主党人见了面，商谈如何创办报纸和进行联系的问题。克鲁普斯卡娅组织并亲自参加了这些会见和会议。这一次，列宁在乌法住了两个多星期，但由于忙于开会和会见，夫妻单独相处的时间很少。时间过得非常快，克鲁普斯卡娅恋恋不舍地送别了丈夫。

列宁试图出版报纸的工作进展并不顺利。关于列宁与普列汉诺夫商谈出版《火星报》的会谈，列宁写了《“火星”怎么会差一点熄灭了?》一文。这篇文章是列宁写给克鲁普斯卡娅的。当时列宁感到全俄报纸的出版工作有夭折的危险。列宁写道：“这是一个真正的悲剧。这种决裂像是同多年来时刻爱抚的孩子完全决裂，像是同与自己毕生的工作密切相关的东西完全决裂一样。”会谈最终还是达成了协议。列宁的《火星报》创刊号于 1900 年 12 月在德国莱比锡出版，这是俄国第一个全国性的马克思主义的秘密报纸。尽管第一批运到乌法的报纸被警察局查获了，《火星报》创刊号还是到达了乌法，并且在当地社会民主党人中激起了巨大的政治热情。克鲁普斯卡娅做了许多卓有成效的工作。她为报纸物色到一些新的支持者和通讯员，指导他们工作，教他们怎样用密码写信和遵守必要的秘密工作纪律，还帮助他们学习列宁的著作等。在克鲁普斯卡娅的影响下，最后成立了支持《火星报》的乌法小组。根据克鲁普斯卡娅的建议，小组建立了两个基金会：一个专门为《火星报》筹措资金，由克鲁普斯卡娅直接领导；另一个是为了解决本小组的经费需要。

克鲁普斯卡娅在进行紧张的革命活动的同时，还加紧学习外语。她在口语班学法语，跟家庭教师学德语，此外，还继续自学波兰语。她给列宁母亲的信中写道："想不惜代价学好几种语言。"为了实际练习，克鲁普斯卡娅几乎每天都翻译恩格斯的著作，从德文翻译成俄文。为了谋生而教课，并在两处任课，占去克鲁普斯卡娅不少时间。对教学工作，她甚至废寝忘食，她也很喜欢和孩子们在一起。

克鲁普斯卡娅在乌法居住期间，还写了三篇教育方面的文章：《优秀教师的典型》、《教育问题的社会作用》和《学校和生活》。《优秀教师的典型》一文，对教师的作用提出了与官方完全对立的观点："当局要求教师教育学生服从、听话，信奉宗教。一句话，就是要教育出驯服的奴隶。"克鲁普斯卡娅明确提出："教育事业应该由那些'不受旧思想束缚的人，对国民教育事业有远见而朝气蓬勃的人，珍视和看重这一事业的人来领导'。"克鲁普斯卡娅认为：学校的目的在于使人的个性得到全面的、和谐的发展。因此，教师只能由那些把从事教育事业视为天职的人来担任。在《教育问题的社会作用》一文中，克鲁普斯卡娅还指出：教学和教育中出现的缺点是同当时俄国社会制度的种种弊端联系在一起的。在《学校和生活》一文中，克鲁普斯卡娅批判官方学校和教育学、宗教教育，坚决主张学校和教会分立，指出：这不仅是教育而且是政治的需要。克鲁普斯卡娅指出：家庭和家庭作用在形成和发展儿童的个性中具有特殊的意义。克鲁普斯卡娅在流放期间所写的第一批教育方面的著作，表明她当时就已经开始认真从事马克思主义教育学的研究。她已经认识到：国民教育问题是为争取无产阶级革命胜利而进行斗争的一个重要组成部分。

获得自由的日子越来越临近了。在乌法的克鲁普斯卡娅和在德国的列宁都在计算时间，都在盼望早日结束被迫分离的生活。列宁告诉亲人们："现在离娜嘉来的日期已经不远了，再过两个半月她就流放期满了。那时我就能够把一切都安排好的。"克鲁普斯卡娅也很激动。在她的信中越来越经常地出现这样的话："……我在乌法只剩下七个半月的时间了……""很快就到3月11日了……"而且最后写道："……我总是盼着春天，有时候说了不想，可是脑子一转，又想起来：还有一个半月的时间了，到那时候我真要高兴死了……"

1901年3月11日，克鲁普斯卡娅流放期满了。第二天她领到出国护照，

3 月 13 日就同母亲伊丽莎白·瓦西里耶夫娜从乌法启程，先去莫斯科，再到彼得堡，把母亲暂时留在彼得堡，她就奔向远在德国的列宁身边了。

## 寻夫之路

克鲁普斯卡娅到国外寻找丈夫列宁，经历了一番艰难的历程，实际情况比她预料的要复杂得多。在流放期间，她曾给列宁寄过一封信，按列宁的交代，收信人的姓名是弗兰茨·莫德拉切克，地址是布拉格市（现为捷克首都，当时的捷克在奥匈帝国的统治之下）斯梅兹基大街 27 号。她离开俄国的时候，她深信一定会按照她所知道的地址找到列宁。但是，当她到达布拉格时，大失所望！从莫德拉切克夫妇那里得知：列宁已经去了德国，住在慕尼黑凯尔斯特大街 53 号。于是，她便马不停蹄地赶往慕尼黑。在那里，她也没能立刻找到列宁。按照莫德拉切克给她的地址，她找到了一家啤酒店。经过长时间的耐心交谈，啤酒店的老板娘才弄明白克鲁普斯卡娅想要找的人是谁，便把她送到一位叫"麦伊叶尔"的先生那里，也就是列宁那里。原来列宁是以"麦伊叶尔"这个名字租下的住处。

克鲁普斯卡娅的到来，使列宁感到非常惊奇。列宁在听妻子讲完一路上的历险经过之后，解释说：他曾及时托一个熟人往乌法寄了一本书，在书的空行间写着他的真实地址。显然，那个人没有转寄这本书。克鲁普斯卡娅没有收到这本书，以致使克鲁普斯卡娅费尽周折才找到列宁。谈话中间，克鲁普斯卡娅端详着丈夫，发现列宁显得极其疲惫，很需要照顾和休息。

克鲁普斯卡娅到来以后，同志们为列宁弄到了一张写有保加利亚人约尔丹诺夫名字的护照，并且把克鲁普斯卡娅作为约尔丹诺夫的妻子玛丽查写入护照。这样，列宁与克鲁普斯卡娅就"合法"地生活在一起了。列宁又立即感受到了家庭的温暖和舒适——妻子的关心和体贴。最初，他们夫妇住在慕尼黑郊外的施瓦宾格，租的是一个多子女的工人家庭的一间房子，很不方便，要开展工作就更加困难。他们在这里住了一个来月就搬家了。新的住址是季格弗里德街 14 号，1901 年 5 月 18 日搬到这里，一直住到

1902 年 4 月 2 日。这个区域很安宁、幽静，住处附近有森林和小河，很适于工作或休息，且房租不贵。对侨居的秘密工作者来说，这一住地的令人满意之处还在于：这里的住户较少，人们不大“关心”邻居的生活，少有“好事”之人。列宁与克鲁普斯卡娅对这里的新生活很快就适应了。他们置办了一些家具——多是别人减价出售的。后来他们迁居伦敦时，只卖了 12 马克，约合俄币 6 卢布。

## 异国生活

侨居国外的生活很艰苦。他们抵达伦敦时，受到尼古拉·亚历山大罗维奇·阿列克谢耶夫的迎接。他是 1899 年从流放地逃出来的。他接到列宁要来伦敦的电报后，临时为他们找了一个不大的房子。很快他们自己找到了一套房租便宜的住宅，有两个房间（一间后来由克鲁普斯卡娅的母亲住）。他们买了一些必需的家具：桌子、椅子、床和几个很便宜的书架。这套住宅对生活不甚方便，水和供房间取暖的用煤每次都要到楼下去取。但他们还是决定就在此处住下去，不再搬家，主要考虑尽可能节俭，因为他们是靠党的经费生活的。平时他们注意节省每一个便士，经常吃俄国人不大习惯的英国地方菜。在伦敦，他们感到最不方便的是他们听不懂英国人的话，英国人也听不懂他们的话。对此，列宁先是觉得可笑，继而感到很痛苦，于是列宁便同克鲁普斯卡娅一起发奋学习英语。

1902 年春，列宁在伦敦。

伦敦之后，1903 年 4 月列宁夫妇迁居日内瓦（瑞士西南部旅游城市；1903 年—1908 年间列宁多次在此居住，并创办《火星报》）。他们住在日内瓦郊区谢塞伦工人村，在此一直住到 1904 年 6 月 17 日。

他们租了一幢单独的小楼房，楼下是铺着石板的厨房，楼上有三个小房间。家具不够，就以装书和碗碟用的箱子来代替。有时厨房就作为会客室。有朋友开玩笑说他们的厨房是“走私者隐身之处”。克鲁普斯卡娅回忆说：“我们这儿马上就挤得不能再挤了。”当他们必须与某人单独谈话时，就到邻近的公园或者湖边去谈。

繁重的党务工作，以及长期同孟什维克（俄语单词“少数派”的音译，与“布尔什维克”的音译即“多数派”相对应）进行激烈的论战，列宁常常累得筋疲力尽。克鲁普斯卡娅对列宁的健康非常担心，极力主张他应该休息，至少要短期休假。1904 年 1 月初，列宁夫妇邀请弗·威·林格尼克（俄国—苏联政治活动家）同他们一道骑自行车到山里游览了一趟。列宁对这次去萨勒夫山的旅行感到极为愉快。他非常兴奋地把旅游情况写信告诉亲友。短暂的休息，环境的变化，使列宁的精神得到了放松，身心健康状况得到改善。

回到日内瓦以后，他们又陷入孟什维克发动的毫无原则的斗争之中。形势令人沮丧，致使列宁夫妇考虑迁回伦敦去。克鲁普斯卡娅曾秘密地告诉身边的朋友：他们想搬到伦敦去，糟糕的是，身无分文；只好尽快设法找到写作方面的工作，但是所有写作方面的联系都中断了。此时，列宁健康欠佳，只能做些翻译工作。这时，特别重要的是克鲁普斯卡娅需要找到工作。她想请克尼波维奇帮她安排到《萨马拉报》报社去工作；退一步说，给她找个什么工作都可以。在这种窘迫的情境下，使列宁和克鲁普斯卡娅感到安慰的是从国内寄来的信件。各地党的委员会委员和普通党员写来的小小纸片，表达了他们对党的命运真诚的担忧和对机会主义者必败的坚定信心。他们饱满的政治热情舒缓了列宁夫妇的沉重心情。

孟什维克肆无忌惮地不断对列宁等布尔什维克进行诽谤和中伤。这种混乱的局面甚至使人失去常态。克鲁普斯卡娅在一封信中抱怨说：“心情不好对我们影响很大，因为对待这种诽谤无论你怎样努力想平静下来，但总不是都能办得到的。”神经高度紧张使列宁极度疲劳，而且失眠。于是，他们商量决定离开日内瓦，至少也要暂时离开一段时间。1904 年 6 月 12 日或 13 日起程，他们来到瑞士西南部、日内瓦湖北岸的游览和疗养城市洛桑，在那里逗留了一个星期。此间，他们做到了实实在在的休息。在那里，他们的睡眠很充足，经常去游泳、散步，接着他们就到山里去了。他们在山里漫无目的地走动，信步而行，无所牵挂。今天在这里，不思明天在哪里。列宁夫妇在山里大约度过了一个月的时光。克鲁普斯卡娅说：列宁用溪水擦洗身体，好像也洗掉了那些乱糟糟的小纠纷。他们同波格丹诺夫（俄国——苏联哲学家、经济学家和政治活动家、院士；1903 年参加布尔什维克派，曾当选俄国社会民主工党〔布〕中央委员）、奥里明斯基、别尔乌辛夫妇一起在一个湖畔的偏僻农村，心情放松地度过了 1904 年盛夏的八月。

俄国革命形势的进一步发展，把“革命”这个振奋人心的问题明确地提出来了。列宁和克鲁普斯卡娅需要返回祖国了。他们第一次在国外将近五年的侨居生活结束了。1905 年 11 月初，列宁由日内瓦取道瑞典首都、位于波罗的海西岸、梅拉伦湖入口处的斯德哥尔摩，回到彼得堡。克鲁普斯卡娅暂时留在日内瓦处理一些紧急的事情：如她要会见大批从国内来的同志；同他们详细讨论未来的工作；商量书籍和武器的运输以及同中央委员会和地方机关的联系的问题。

1905 年 11 月 18 日，克鲁普斯卡娅怀着激动的心情回到彼得堡——她青年时代住过的城市、她魂牵梦萦的地方、她一直怀念的故里！但是，此刻她却认不出它了。她困惑地问一个站在那里的人：这是什么车站啊？那个人竟被问得莫名其妙，愣了一会儿，答道：这不是车站，这是圣彼得堡城！

## 体贴列宁

克鲁普斯卡娅作为列宁的夫人、朋友和战友，同列宁一起经历了艰难而光荣的革命道路。她善解人意，对丈夫体贴备至，随时随地维护领袖的声望，是列宁成就伟业不可缺少的忠实助手和贴心人。

1917 年 5 月，克鲁普斯卡娅交给《士兵真理报》编辑部一篇关于列宁革命活动的文章。她写这篇文章的目的在于揭露反革命资产阶级针对党的领袖列宁取道德国回到俄国所散布的谣言。这篇文章的题目是《俄国社会民主工党历史的一页》。列宁看过这篇文章的草稿，并作了修改，文章彻底驳斥了诽谤者的谎言。这篇文章发表于 1917 年 5 月中旬。当时，克鲁普斯卡娅担负着中央委托的许多重要工作，仍尽一切力量关心和帮助列宁。当她看到列宁极度疲倦的时候，她不会提出任何问题去烦扰他。在多年的共同生活中，他们习惯于不用任何语言就能彼此理解对方的心思。正如克鲁普斯卡娅后来所回忆的那样：往往也有这样的时候，她和列宁都“喜欢按照老习惯在散步的时候随便谈谈，所以我们有时也在彼得堡区比较僻静的街道上散散步，虽然不是经常的”。在这样的时刻，他们谈论的问题很多。克鲁普斯卡娅津津有味地讲述自己在妇女、青年和劳动群众中的工作，让丈夫分享自己工作的喜悦，使领袖了解群众的情况。在谈话中，列宁和克鲁普斯卡娅有时也涉及他们的共同工作和克鲁普斯卡娅是否可能继续当列宁私人秘书的问题。克鲁普斯卡娅后来在回忆这件事时写道：

……根据国内的条件，我既需要参加编辑部的工作又要出席中央委员会的会议，再要我像以往那样担任列宁的私人秘书，这是不合适的。

经过讨论，最后决定：克鲁普斯卡娅应当集中一切力量和注意力做好彼得堡劳动群众的工作。

1917年6月3日到24日，举行了全俄工人士兵代表苏维埃第一次代表大会。会议的信息反映了国内局势，首先是阶级矛盾的激化。列宁在代表大会开幕的第二天讲了话，他的讲话给克鲁普斯卡娅留下了终生难忘的印象。他阐述了布尔什维克的革命纲领。当时列宁坚定而令人信服地指出：俄国有能够从必然灭亡中拯救国家的党，这个党就是有能力领导劳动人民沿着新的建设社会主义社会之路前进的布尔什维克党。列宁强调：布尔什维克党“随时都准备夺取全部政权”。在这次代表大会上，克鲁普斯卡娅听到反革命分子以逮捕和流放西伯利亚来威胁布尔什维克，因此她又一次为列宁的安全感到十分担心，而列宁说“这只是威胁”！她却认为：把这种威胁变成现实的时间已经不会太远了。像以往一样，她并没有把这种不安的心情流露出来。她一方面专心致志地埋头于工作，同时密切地关注列宁的安全。

克鲁普斯卡娅永远乐观，热爱生活，每天忘我地工作。似乎任何困难都无法动摇她的生活信念。然而，在她的生活中最艰难、最可怕的时期来临了……

1922年春天，克鲁普斯卡娅发现列宁患重病的迹象。秋天，列宁的健康状况真的更加恶化了。她怀着痛苦的心情给一个老朋友写信说：“弗拉基米尔·伊里奇工作得太劳累了，坦率地说，由于工作过度劳累而损害了身体健

1922 年 8 月，列宁、妻子和侄子以及一个工人的女儿在一起。

康，因而多次生病。”列宁的病情时而加剧，时而相对有所好转。好转时列宁就又像过去一样精神饱满和活跃起来。根据医生的嘱咐：列宁需要更经常地更多地留在家里。克鲁普斯卡娅总是找出各种理由使列宁安心地留在家里。列宁沉默不语和心情不好的时候，克鲁普斯卡娅也不问他为什么心情不好，生怕打扰他。后来她写道：“我从不向他发问。不问他，以后他自己也会告诉我的。”克鲁普斯卡娅是一个非常善解人意、具有高度持重精神和崇高谦虚品格的人，她没有写过列宁患病期间有关她本人的心情以及当时她与列宁之间谈话等情况，只是在给最亲近人的信件中有只言片语，提及列宁的秘书和医生所提供的一些事实，流露出由于最亲近最亲爱的人患了有致命危险的疾病所带来的痛苦心情和感受。克鲁普斯卡娅坚定顽强的信念、无所畏惧的勇气、不屈不挠的意志、公而忘我的精神，使她能够减轻列宁在生命垂危的最后几个月里的痛苦。

1922 年底到 1923 年初，列宁向速记员口授了自己最后一些著名的文章和书信。他在这些文章和书信中深刻地论证了关于国家工业化、社会主义农业合作化、文化革命的思想以及新社会建设的一些其他重要问题。克鲁普斯卡娅始终在他的身旁。她明白：列宁极力想留给现任岗位上工作的同志们的一切思想和意图，都已在这些著作中。列宁所需要的一切书籍、报纸、统计资料、参考书，克鲁普斯卡娅都迅速送到他的手边。因为当时列宁说话已经有困难，列宁所特别需要的是她善于领会他要表达的思想，善于冷静地等待他的深思熟虑。而当他低微而坚定的语言表达出来时，克鲁普斯卡娅都能够正确地复述出列宁口述的内容，并能了解他还要口述的事情。

克鲁普斯卡娅总是把她同列宁最后一起生活的那些日子里的珍贵谈话牢记心中。她很少讲这些谈话的内容，但是她讲了这样一件事：那是在列宁口述完他的最后几篇著作（其中包括俄国居民识字统计材料的《日记摘抄》）之后不久，克鲁普斯卡娅告诉他：美国人提出了到1927年要在美国完成全部扫除文盲的任务。他们开始谈俄罗斯的扫盲工作，克鲁普斯卡娅说：列宁这一时期

1922年9月，列宁在莫斯科郊外高尔克市自己的家中。

多次对她谈过这个问题。列宁在听完了克鲁普斯卡娅的谈话后兴奋起来了。起初他打算自己就这个问题写一篇文章。后来当他感到无能为力时，他要克鲁普斯卡娅写，由他做补充。克鲁普斯卡娅写了一篇题为《文化的基础》的文章，列宁看了以后说："好啊，我想修改一个地方和口头作一些补充。"克鲁普斯卡娅说："这已经是 1923 年 3 月初的事情了……伊里奇终于没来得及作补充。"

克鲁普斯卡娅是一个会疼爱丈夫、对他的一切心思和事情都非常了解的妻子。她聪敏，而又很体贴人。列宁所珍视的正是克鲁普斯卡娅所具有的这些特点。她一直是这样的人，直到列宁逝世为止仍是这样，她握着他的手，直到他生命的最后一息。

# 第四章

# 杰出秘书

克鲁普斯卡娅在其革命生涯中担任过多种重要岗位的秘书，工作做得有板有眼，有声有色。她先后担任《火星报》、《前进报》、《无产者报》编辑部秘书；1905 年起任俄国社会民主工党中央国外局秘书；1905 年革命期间在国内任俄国社会民主工党布尔什维克中央委员会秘书；第一次世界大战期间参加国际妇女运动和布尔什维克国外支部的活动，任国外组织委员会秘书。秘书工作很重要，对其政治素质、品德修养、协调能力、文字水平等方面都要求很高。有时要为领导代笔、代言，代其处理要务，故时下我们国内有一种说法：秘书的水平有多高，领导的水平就多高。克鲁普斯卡娅在复杂、艰险的革命斗争环境中担任党报、党的重要机关以及党的最高领导机关的秘书，出色地履行了职责，显示出非凡的组织能力、协调能力和细致缜密的工作作风。她与许多国内外的党组织和党的活动家保持着广泛而秘密的通讯联系，为集聚和发展革命力量做了大量的组织和宣传工作。她还和《真理报》编辑部保持着密切的联系。她多次参与筹办和出席俄国社会民主工党的代表大会、代表会议和许多次布尔什维克的重要会议，为俄国布尔什维克党的思想建设、组织发展做出了重要贡献，成为列宁思想、政治和组织路线的积极捍卫者，并赢得了党内同志和广大群众的真诚信任、尊敬和爱戴。

## 《火星报》秘书

1901 年 4 月初，克鲁普斯卡娅来到德国东南部城市慕尼黑以后，很快就担任了《火星报》和《曙光》杂志编辑部秘书，负责全部通信联络工作。这是对克鲁普斯卡娅组织才能的高度认可。

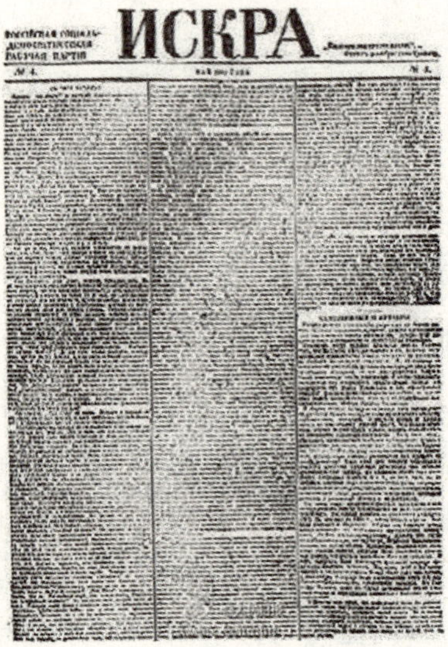
ИСКРА

列宁等人在德国创办的《火星报》

《火星报》是列宁主办的党报——全俄第一份全国性的马克思主义秘密报纸。1900 年 12 月 24 日《火星报》第 1 号在德国东部城市莱比锡出版，后来相继在慕尼黑、伦敦、日内瓦出版，秘密运往俄国散发、翻印。列宁、马尔托夫（俄国社会民主工党早期领导人之一，后来成为俄国孟什维克领袖）、波特列索夫、普列汉诺夫、阿克雪里罗德（俄国民粹主义运动和社会民主主义运动活动家、孟什维克领袖）、查苏利奇等 6 人组成编辑委员会。由列宁、普列汉诺夫为主编。其报名来源于普希金的诗句："行看星星之火，已成燎燃之焰。"开始，每月出版一期；从 1902 年起每两周出版一期。列宁是该报实际上的主编和领导人。该报刊登过列宁 50 多篇文章，是团结党的力量和培养党的干部的中心，其主要任务是：将分散在俄国各地的马克思主义小组组织起来，恢复党的组织活动。该报为俄国社会民主工党制定了纲领草案，筹备了第二次全国代表大会。在 1903 年的俄国社会民主工党第二次代表大会上，《火星报》被确认为党的领导机构之一和党的机关报。由于同马尔托夫、普列汉诺夫的分歧，1903 年 11 月，以列宁为首的多数派退出了编辑部。从此，该报变成了少数派的喉舌。该报第 1－51 期被称为"旧《火星报》"，从第 52 期开始的以后各期由孟什维克主办，称为“新《火星报》”。

秘书工作是一种非常重要的社会职务，通常是领导者或首脑机关的助手和参谋。工作的内容可以说包罗万象，如公文起草、文书管理、会务筹备、通信联络、接待服务，等等。作为秘书，要求德才兼备，要党性强、有智谋、肯吃苦、人缘好；还要善于解决问题，处理矛盾，能够营造良好的人际关系和愉悦的工作氛围。秘书工作总体上来说是服务工作，直接服务于领导，间接服务于群众，故而秘书又是连接上下级、连接领导和群众的纽带。

普列汉诺夫

在克鲁普斯卡娅来慕尼黑之前，《火星报》的秘书工作不是很得力，有时有些工作列宁不得不亲自来做。1900 年 10 月，列宁在给阿克雪里罗德的信中抱怨说：“……要写的信件越来越多。我有时感到疲倦不堪，而且对自己本来的工作完全生疏了。”列宁深信：克鲁普斯卡娅有高度的责任感，能吃苦，工作认真，对《火星报》在建党中应起的作用有深刻的理解，一定能够做好这一工作。

1901 年 4 月 3 日，克鲁普斯卡娅开始担任《火星报》编辑部秘书。克鲁普斯卡娅需要联系的面非常广，有来自彼得堡、莫斯科、普斯科夫、波克罗夫、斯摩棱斯克和基辅等各地的信件。克鲁普斯卡娅被将要从事的工作深深地鼓舞和吸引了，对这些琐细的工作投入了百分之百的热情和耐心。当克鲁普斯卡娅了解到《火星报》的活动重心在俄国国内时，她把编辑部档案中的国内通讯录按通讯员的特点，加以详细整理，认真编辑成册。克鲁普斯卡娅为每一个通讯员——《火星报》代办员，为每一个俄国社会民主工党委员会或小组都单独设立一个本子，记录编辑部寄给他们的秘密信件的原稿和从他们那里收到的信件的复制本，这是编辑部档案中最有价值的一部分。

克鲁普斯卡娅很快就理解到编辑部的通信工作对实现建立工人阶级革命的马克思主义政党的计划有非常重大的作用。列宁在《火星报》第 4 号社论《从何着手?》中阐述了这一建党计划。根据列宁的计划，要扩大党的影响，在当时就要保持正常供给各地报纸和正常推销报纸，就必须建立统一的党的地方代办员网。这种代办员网将成为正在建党所需要的组织骨干。因此，首先应该组织好秘密的通信工作，也就是要保证《火星报》编辑部能同俄国境内志同道合的同志们经常互通情报。根据这一目的，克鲁普斯卡娅首先给那些在过去革命工作中她所了解的同志们写信。她还试图通过舒申斯克村的同志和乌法的同志与原彼得堡“工人阶级解放斗争协会”的成员建立通信联系。她一天天地从早忙到晚，致力于和同志们建立联系。但是，开始时花费的工夫和精力很大，真正联系上的人并不多，从俄国方面来的信“惊人的少”。克鲁普斯卡娅很伤心。她抱怨说：“也许所有的老朋友都把我们忘了……”由于坚持不懈、锲而不舍地努力，克鲁普斯卡娅在联系工作方面逐渐取得了显著的成绩。到 1901 年 6 月，《火星报》编辑部的秘密联系工作已发展到相当可观的规模。

克鲁普斯卡娅在同俄国国内进行秘密通信的过程中十分谨慎，极其注意严守秘密，并以此来提醒和教育远方的通讯员。为了逃避警察局的迫害和“秘密检查室”的暗中检查，《火星报》的通信工作不得不采取一些特殊的办法：信件都是用“化学药水”，即牛奶、柠檬汁或专门的药水写成的。最重要的情报——通信地址、秘密接头地点、邮寄的书籍、姓名、用作密码译法的书籍名称等等——都被译成密码。写这种信件需要专门的技术和付出艰巨的劳动，程序也很复杂。克鲁普斯卡娅是书写这种“秘密”信件的最好专家。她还把这种技术耐心地传授给了《火星报》在俄国的通讯员。

列宁高度评价《火星报》编辑部同国内的通信工作。《火星报》编辑部同国内联系的巩固和扩大，加强了《火星报》对地方委员会和各小组在思想上和组织上的影响。到 1902 年 2 月，全俄《火星报》中心——《火星报》俄国组织局在萨马拉成立时，编辑部已经同 27 个城市建立了可靠的秘密联系。这些城市都有固定的通讯员和建立了“火星派”小组，这些小组在列宁所创立的俄国《火星报》组织中起了很大的作用。从俄国寄来的信件为列宁比较全面地提供了各社会民主党组织、小组的状况和活动情况。克鲁普斯卡娅把这些信件当作具有党史意义的最有价值的资料加以保存。《火星报》组织最初阶段的任务是完成“俄国社会主义邮局”的职能，成为联合各种社会民主力量的中心，成为未来战斗的无产阶级政党的基础。

由于克鲁普斯卡娅对《火星报》通信工作非常认真负责和对信件的精心保管，使编辑部的档案中保留了一批绝无仅有的党的历史文献。在这方面克鲁普斯卡娅功不可没。

克鲁普斯卡娅是列宁建党组织计划的热情宣传者。她在给《火星报》代办员的信中呼吁建立全俄火星派的大联合，说明这种联合的必要性，并解释说：只有团结在革命机关报周围的组织，才有能力结束“经济主义”所造成的俄国社会民主工党的思想混乱和组织涣散。她说：

……费克拉（费克拉是指《火星报》编辑部）的目的不仅是出版报纸，而且要依靠报纸建立一个全俄组织，这个组织所考虑的不只是某一地区的利益，而是整个俄国党的利益。

随着《火星报》在社会民主党小组和组织中的影响不断扩大，《火星报》的一部分俄国代办员产生了“经济主义”的倾向，其发展意味着全俄“火星派”组织会分裂成一些小组织，也意味着《火星报》本身的瓦解。克鲁普斯卡娅根据列宁的建议，对一部分重犯手工业习气的“火星派”分子进行了坚决的斗争。她耐心地向这些误入歧途和动摇不定的人进行解释，指出他们在组织问题上的错误。她写信呼吁：各地区之间必须建立起最密切的联系，建立一个在紧要关头能使各个组织立即行动起来的组织。《火星报》以此为己任，并且认为：革命的机关报最能起到把一切革命分子团结在自己周围的核心作用。

根据列宁的指示，克鲁普斯卡娅对出版一份以“没有文化的工人”为对象的通俗报纸的企图进行了批评。一个代办员曾提出：《火星报》上刊载的文章不是每个具有中等文化程度的工人都能全部理解的。她在回答此人的问题时写道：我们从来就不认为《火星报》上的所有文章，一个具有中等文化程度的工人都能理解，但其中大部分是可以理解的。而当一个人意识到还有许多东西需要他去理解，那将会迫使他不断地学习、进步；你说工人的视野非常窄，那就需要不断扩大他们的视野；如果报刊一味地缩小这种视野，而不去扩大它，那么这种视野将永远是窄的。……报刊应该启发人们的觉悟，使他们前进，迫使他们学习。克鲁普斯卡娅的看法得到了同志们的热烈支持，并促使他们为扩大《火星报》的影响和发行量而积极努力工作。

克鲁普斯卡娅非常熟悉《火星报》的秘密运送路线。她对于何时、何地、提供多少出版物，以及什么样的出版物已经运到了国内或正在准备运出去等情况都了如指掌。所以，她提出的工作建议和意见总是非常及时而具体。据不完全的统计，《火星报》编辑部和它的代办员为邮寄装有《火星报》出版物的信，使用了355个地址。可见克鲁普斯卡娅所完成的工作量之大。

1902年春天，《火星报》编辑部成员得到警报：俄国警察局设在国外的侦察机关掌握了关于《火星报》所在地点的情况。他们感觉《火星报》印刷厂也可能被侦察机关知道了。当时住在慕尼黑的《火星报》编辑们讨论了这一情况，决定把报纸的出版工作转移到伦敦。到3月底，完成了搬迁的准备工作。3月30日列宁夫妇离开慕尼黑，前往伦敦。

在伦敦的一项重要工作是筹备召开俄国社会民主工党第二次代表大会。代表大会即将召开的前夕，同国内的通信量增加了。克鲁普斯卡娅夜以继日地忙于写信。列宁向母亲写信说："……娜嘉感到有点疲劳。"由于过度劳累，有时克鲁普斯卡娅会突然怀念起故乡来。1903年冬季的一天，她给列宁的母亲写信说："……我把您在那里的生活情况想象得很清楚，我想到那里是怎样的情景：外面天气严寒，屋里生起火炉，您在等着玛尼亚下班回来，玛尼亚冒着严寒回到了家里……'请给我一双会飞的翅膀'……我有时非常想念俄国，而今天想得特别厉害。"为了抑制这种思乡的心情，克鲁普斯卡娅迫使自己更加努力地工作。

1903年春天，《火星报》编辑部迁移到日内瓦，列宁本来想坚持把《火星报》编辑部留在伦敦，最后还是服从了大多数同事的决定。到日内瓦以后，克鲁普斯卡娅加紧准备《〈火星报〉组织向俄国社会民主工党第二次代表大会的报告》。这个报告的提纲是列宁写的；报告是由克鲁普斯卡娅完成的，列宁看了一遍，只做了几处修辞方面的改动。后来克鲁普斯卡娅曾谦虚地说："……现在它给我的感觉是不太成功。它所提供的不过是《火星报》组织所做的联合工作的一个概况……"报告所涉及的主要是组织方面的问题。克鲁普斯卡娅在报告中指出了俄国社会民主党所走过的一段艰难的路程：开始是建立支援《火星报》第一批小组，然后把俄国社会民主工党各个委员会真正联合在《火星报》和它的国内组织的周围，最后组成了一个统一的党。报告的结尾充满了对党的事业必胜的坚强信念："我们希望……面貌一新的俄国社会民主工党，由于有了坚强的团结和明确的纲领会更加强大，它将全力以赴地在预定的道路上阔步前进。"

俄国社会民主工党第二次代表大会于1903年7月在比利时的布鲁塞尔举

行。在此只开了八天。代表们发现受到监视，于是，大会执行局（主席团）决定下阶段会议转到英国伦敦召开。大会的主要议程是通过党纲、党章以及选举中央领导机关。大会通过“火星派”提出的纲领后讨论党章和选举中央机关时发生严重分歧。经过激烈争辩和斗争后，以列宁为首的一派取得多数票，被称为多数派——布尔什维克。克鲁普斯卡娅痛苦地看到孟什维克开始公开掀起反对党中央机关的运动。克鲁普斯卡娅为整理大会记录稿花费了许多精力。她仔细审阅这些记录稿，并同代表们一起进行核对。在激烈的论战之后马上就着手这样的工作，需要巨大的忍耐力和涵养性。

1903 年 11 月 22 日，克鲁普斯卡娅为了抗议孟什维克分裂党的活动，不得不拒绝《火星报》编辑部秘书的工作。克鲁普斯卡娅在列宁为首的《火星报》编辑部秘书岗位上工作了两年多时间，是她革命经历中最辉煌的阶段之一。从表面上看，这项工作并不显赫，但却要付出巨大的劳动，需要有彻底的献身精神，需要长期紧张和特别细心地工作。克鲁普斯卡娅把通信工作的意义提到组织工作的高度，认为是党指导各地方委员会和培养党的干部的重要工作。她的主要功绩更在于：她坚定地始终不渝地贯彻执行列宁的路线，成为列宁真正不可缺少的好助手。

## 辛苦奔波

1905 年 11 月初，列宁返回彼得堡直接领导革命斗争。克鲁普斯卡娅继续担任中央委员会秘书。这时，正是俄国 1905 年革命过去不久，沙皇政府正对革命者进行报复和血腥镇压。1906 年 7 月 8 日，沙皇政府解散了敢于批评政府的国家杜马。国家杜马被解散以后，反革命更加强了进攻，在国内掀起了镇压、逮捕革命者的浪潮。在反动势力的进攻下，孟什维克毫不掩饰自己要同立宪民主党人妥协的方针，无视俄国社会民主工党第四次代表大会的决议，越来越向右转。中央机关报《社会民主党人报》以及中央委员会实际上已经变成了孟什维克的派别机构，立即召开俄国社会民主工党第五次代表大会已经成为当时的首要任务。在筹备第五次代表大会的过程中，列宁号召转入地下活动，以便保存革命力量进行新的战斗。

俄国 1905 年革命

克鲁普斯卡娅回忆道：他们转入秘密状态，建立了秘密组织网。俄国各个地区的同志前来跟他们谈工作，都首先到接头地点，由她和薇拉·鲁多里费芙娜接待。她遇到两次险事。一次，她和薇拉·鲁多里费芙娜准备在“前进”书库里接见几个新到的人。为了接待客人，在书库里布置了一个特别的房间。这天，有个区委会的委员拿着一卷传单来到他们这里，还有一个人已经坐在那里等着接见。突然门开了，警察所长的头伸进来了，他喊了一声“啊!”就把他们几个人锁在屋子里了。他们不知所措：从窗子爬出去？不妥！只好莫名其妙地坐在那里，面面相觑。最后决定：烧毁传单和一切秘密文件；并约定说：是在这里给乡村挑选通俗读物。他们做完了这一切，警察所长冷笑着看了看他们，而没有逮捕他们，只记下了他们的姓名和住址。他们所说的姓名和住址都是假的。另一次，是克鲁普斯卡娅第一次到拉甫林捷娃那里去接头，险些出了岔子。她的门牌本来是 32 号，别人却告诉克鲁普斯卡娅是 33 号。她到门前一看，感到奇怪——名片为什么撕下去了？她想：真是奇怪的保密方式啊！给她开门的是个勤务兵。她什么也没问，带着许多用密码写的地址和书籍，沿着走廊就一直往里闯。勤务兵紧跟在后面追赶着。她站下问道："难道今天不看病吗？我的牙痛。"勤务兵结结巴巴地说："上校大人不在家。""哪位上校？""里曼上校。"原来克鲁普斯卡娅竟误入了谢明诺夫团队里曼上校的住宅。里曼镇压过莫斯科起义，迫害过莫斯科—喀山铁路的工人。克鲁普斯卡娅分析：里曼怕被刺杀，便把门上的名片撕了下来，而她自己竟闯进门来。她没有报告就顺着走廊往里闯，弄得勤务兵非常紧张。这时克鲁普斯卡娅镇静地说："那么说我是走错了，我要找医生看病。"说完她就转身走了出来。这一次，应该是有惊无险吧！

那段时间列宁的安全很是问题，他不能在固定的地方过夜，为此，他也很烦恼。后来，列宁不得不"短途流亡"，侨居邻国芬兰，住在考卡拉莱特伊仁的"瓦查"别墅里。不久，克鲁普斯卡娅同母亲也移居到这里，这里也就成了俄国革命者的暂时避难所。俄国警察在芬兰不可能像在彼得堡那样公开嚣张地活动，所以列宁夫妇在这里生活得还比较自由。克鲁普斯卡娅回忆说：

别墅的大门从来没有关过，夜间在饭厅里摆上一壶牛奶和一些面包，在沙发上铺上被褥，以便有人坐夜车来了，谁也不用惊动，吃点东西就可以躺下睡觉。早晨我们常在饭厅里见到夜里来的同志。

列宁住在考卡拉的时候，克鲁普斯卡娅在彼得堡工作，她每天乘第一班火车去彼得堡，午夜过后才回来。而她在彼得堡时还要采取各种防范措施，因为最小的疏忽也会导致被捕的危险。她经常会见布尔什维克——俄国社会民主工党中央委员会和彼得堡委员会的委员，从他们和其他同志那里获取情报，向他们转达列宁的建议和委托。回家时，给列宁带来党的文件、当天的报纸，并且把一切有关情况都详详细细地向列宁汇报。但是，她看到的列宁总是忧郁的，列宁非常想回到彼得堡去。为了使列宁安心地住在考卡拉，制止他想回彼得堡的想法，住在"瓦查"别墅的同志们开始玩"杜拉克"（一种纸牌），列宁还真的起劲儿地跟大家玩了起来。这也是列宁少有的开心一刻。有时候，来联系工作的同志带着什么委托来了，或区委会的某个委员来了，都困惑莫解：中央委员们怎么都在起劲地玩"杜拉克"！这是一段无奈的时期。克鲁普斯卡娅说：只有一个时期是这样。这个时期她很少和列宁见面，日子都是在彼得堡过的，晚上回来得很晚。

列宁移居考卡拉之后，克鲁普斯卡娅还经常去萨勃利诺，看望列宁的母亲玛丽亚·亚历山大罗夫娜。克鲁普斯卡娅想象到老夫人一定非常惦念自己的儿子。她甚至在萨勃利诺附近租了一间房子，有时就在那里住一下。1907年的新年她就是在那里度过的。克鲁普斯卡娅跑完许多秘密接头地点之后，拖着疲惫的身体来到萨勃利诺，去看望玛丽亚·亚历山大罗夫娜，并邀请她到自己的住处过新年。玛丽亚·亚历山大罗夫娜看到儿媳有些疲劳，就婉言谢绝了。这样，克鲁普斯卡娅就一个人在萨勃利诺过新年。她对没有去考卡拉列宁那儿一起过新年还是感到很遗憾的。

后来，列宁住到芬兰的内地去了，而克鲁普斯卡娅还在彼得堡忙来忙去。警察在芬兰也到处搜捕列宁，迫使列宁不得不决定再回到瑞士去，期间列宁险些死在去斯德哥尔摩的旅途中。

1907 年 12 月初，布尔什维克中央决定把《无产者报》转移到国外出版，列宁准备去瑞士。他同克鲁普斯卡娅约好在斯德哥尔摩见面。克鲁普斯卡娅暂时留在考卡拉，安置自己生病的母亲，最后处理一些党的事务，跟同志们约定进行秘密联系的方法。在临行的最后几天里，她向地方委员会发了信，通知在国外出版《无产者报》一事，同时要求他们不要忘记把通讯稿寄去。她特别说明："希望送来的通讯稿不要仅仅具有派别的性质，也就是说不要仅仅只写布尔什维克和孟什维克的斗争问题，尽管这点是重要的，而且要谈谈地方生活中经济和政治方面的问题。请经常来信，同时要把你们出版的东西寄给我们。"为了在《无产者报》编辑部迁移期间西欧读者也能像以前一样及时收到党的文献，克鲁普斯卡娅曾写信给住在柏林的布尔什维克，提醒他们必须及时地把《无产者报》和《前进报》寄给住在斯图加特的克拉拉·蔡特金和德国社会民主党各报编辑部。最后，在一切工作都办妥之后，克鲁普斯卡娅才怀着忧郁的心情离开考卡拉，在芬兰同志瓦利捷拉·鲍尔格的陪同下，乘船去斯德哥尔摩。

克鲁普斯卡娅到了斯德哥尔摩，住了几天，她和列宁就取道德国柏林去日内瓦。在他们来到柏林的前一天夜里，德国当局在柏林的俄国侨民区进行了搜查和逮捕。这使接待他们的阿夫拉莫夫极为不安。他建议列宁夫妇不要到其他同志家里去。结果他陪着他们逛了一整天的咖啡馆，非常疲劳。晚上，他们到祖籍波兰、德国革命家罗莎·卢森堡那里做客，并住了一个晚上。可以说，当时卢森堡是与列宁齐名的有影响和声望的革命家。他们的许多政治见解相同，特别是关于反对帝国主义战争的问题，他们的看法完全一致。在1907年的斯图加特代表大会上，他们一致行动，反对社会民主党在战争问题上的机会主义主张。所以，这次相见，彼此感觉非常亲切，友好的气氛和同志式的谈话，驱散了列宁夫妇一路奔波的疲劳。而当第二天他们回到旅馆时，两个人却都病了，浑身乏力。他们怀疑是在哪儿吃了不新鲜的鱼而中毒。请来的医生给他们看了看，开了许多药，敲去一笔很可观的出诊费。当时列宁登记的身份是波兰厨师；克鲁普斯卡娅登记的是美国公民；请来的是美国大夫。美国大夫看他们可疑，煞有介事地对列宁说：你的问题很严重；对克鲁普斯卡娅说：你还能活！两天后他们就带病赶路了。

罗莎·卢森堡

## 二度侨居

1908年1月7日（俄历1907年12月25日），克鲁普斯卡娅和列宁再次到达日内瓦。第二次的侨居生活正式开始了。这一次比第一次更艰苦。

这次到达日内瓦，这座城市给他们的印象是：荒凉寂寞，死气沉沉，一片雪花都没有，刮着凛冽刺骨的寒风，使人心情很不愉快。探望了几位同志以后，心情也没有变好。他们拜访了卡尔宾斯基夫妇，他们住在日内瓦的俄文图书馆；卡尔宾斯基（经济学博士、社会主义劳动英雄，文学宣传家。1904年侨居国外，在党的国外组织工作）主持该图书馆的工作。他们去拜访的时候，正赶上卡尔宾斯基的头痛病发作得很厉害，他一直眯着眼睛，屋里的百叶窗关闭着，家中气氛很沉闷。当他们从卡尔宾斯基家里出来，走在日内瓦荒凉、陌生的街道上时，列宁无意中说了一句话："我感觉到这里来好像进了棺材似的。"

他们的第二次侨居生活持续了将近十年之久，大致可以分为三个时期：

第一个时期（1908—1911 年），是俄国反动势力最疯狂的年代。在此期间，沙皇政府大肆残酷镇压和迫害革命者。这几年也是俄国社会民主党内思想上分崩离析的年代，也是为了维护党、保护党的秘密组织而进行尖锐斗争的年代。维护唯物主义世界观，维护党与群众的联系，维护列宁路线和策略的斗争，都是他们在侨居国外的环境下进行的。由于沙皇政府的残酷迫害，逃亡国外的革命者不断增多。他们不但精神上受到严重折磨，看不到前途，而且身无分文，生活十分艰苦，急需得到帮助。这一切，使他们的侨居生活和斗争充满艰难和危险。

1908 年，列宁（右）在高尔基的意大利的别墅与博格达诺夫下棋。

第二个时期（1911—1914 年），这期间是俄国工人运动逐步高涨的年代。工人出版物的出版和发行，杜马的选举和杜马党团的工作都有了新的发展，列宁革命策略的正确性也在俄国的革命实践中得到证实。革命工作把列宁和克鲁普斯卡娅完全吸引了，他们对革命前景抱有充分的信心。

第三个时期（1914—1917 年），是第一次世界大战和俄国工人运动高涨的年代。19 世纪末 20 世纪初，列宁认为世界资本主义已经过渡到帝国主义阶段，在欧洲逐渐形成对立的两大军事集团——“同盟国”（德、奥、意组成）和“协约国”（英、法、俄组成），双方为重新瓜分世界、争夺殖民地展开激烈斗争，1914 年世界大战终于爆发。大战爆发后，国际形势急剧变化，成为解决俄国问题的有利时机。列宁和克鲁普斯卡娅做了在中立国所能做的一切，大力宣传反对帝国主义战争，宣传把帝国主义战争变成国内战争，不断发展壮大国内的革命力量，争取社会主义革命的胜利。

在日内瓦，列宁和克鲁普斯卡娅首先力争重新出版布尔什维克中央机关报纸——《无产者报》。克鲁普斯卡娅非常赞同列宁在致高尔基信中所表达的信念：

党现在需要有一个正常出版并能坚持不懈地执行同颓废消沉作斗争的路线的政治性机关报——党的机关报——政治性报纸。许多国内同志不信任国外机关报，这是一种错误。我们编委会决定把《无产者报》迁来这里不是没有原因的。当然，把它安排好并使它活跃起来是困难的。但应当这样做，而且一定会做到。

克鲁普斯卡娅作为布尔什维克中央的秘书，履行着报纸编辑部秘书的职责，而且是《无产者报》扩大编辑部经济委员会的成员。她几乎全部恢复了列宁同俄国境内和国外党的各委员会的秘密联系。据不完全统计，《无产者报》编辑部从 1908 年 10 月到 1909 年 11 月同 56 个居民点的 84 个收信人保持着定期的联系。在这期间，从俄国传来一些组织遭到新的破坏和大批布尔什维克党员被捕的沉痛消息。克鲁普斯卡娅寻找被关在监狱和被流放的同志，尽自己所能设法减轻他们艰辛的境遇，使他们同革命组织取得联系。尼·列·美舍利亚科夫写道：“娜捷施达·康斯坦丁诺夫娜为今后的革命工作保护下来许多同志。她以同志式的关心把他们始终团结在自己身边。”

后来，由于《无产者报》转移到当时俄国政治侨民聚居的中心巴黎出版，列宁、克鲁普斯卡娅和她的母亲于 1908 年 12 月从日内瓦来到巴黎。对他们来说，这是“侨居生活时期最艰苦的年代”。列宁也经常怀着沉重的感情回忆那几年在巴黎的生活。在巴黎，各种各样繁重的家务事都落到克鲁普斯卡娅的肩上。住房找得很不顺利，最后终于在玛丽—罗斯大街 4 号（后来法国共产党在这里建了列宁纪念馆）——一条僻静的胡同里找到一套有两个

ПРОЛЕТАРІЙ

《无产者报》

房间的住宅。克鲁普斯卡娅回忆说：厨房变成了我们的会客室，一切诚挚的谈话都在这里进行。从秋天起，弗拉基米尔·伊里奇工作热情高了起来，他定了他自己所说的“规矩”：早晨8点起床，到国立图书馆去，下午两点钟回家。在家里继续工作很久。我极力使他少会见客人。我们经常有很多客人来，挤得水泄不通……在巴黎，列宁和克鲁普斯卡娅结识了许多侨居的布尔什维克，他们当中的女布尔什维克印·费·阿尔曼德（俄国社会民主工党活动家、国际共产主义运动和国际妇女运动活动家）后来一直是列宁和克鲁普斯卡娅的朋友和战友。一些经常到列宁家里来的布尔什维克看到：克鲁普斯卡娅总是有计划地工作，不浪费一分钟时间。同她在一起的同志都不知不觉地为她办事认真的态度和一丝不苟的精神所感染，也都养成了珍惜时间的好习惯。一位女布尔什维克评论说：

克鲁普斯卡娅工作认真严谨，对人对己要求严格。这些特点同独特的同情心、沉默寡言但极其温柔的性格在她身上巧妙地结合在一起了。

1909年夏天，克鲁普斯卡娅作为布尔什维克中央的秘书，为召开《无产者报》扩大编辑部会议做了大量的工作。她参加了预备会议，会上讨论了为即将召开的会议准备的决议草案。这次会议是在列宁的直接领导下于1909年6月召开的。克鲁普斯卡娅被选进了会议秘书处，参加讨论了《无产者报》扩大编辑部和经济委员会工作中的一些重要的实际问题。会议通过了由克鲁普斯卡娅提出的《关于经济委员会工作情况》的决议。决议指出了《无产者报》编辑部和经济委员会密切联系的必要性，以及关于改进经济委员会工作的问题。在《无产者报》扩大编辑部会议上，克鲁普斯卡娅再次被选进经济委员会和布尔什维克中央秘书处。

是年夏天，列宁和克鲁普斯卡娅拜访了法国社会主义和工人运动著名活动家保罗·拉法格夫妇，他们住在德拉维里（离巴黎25公里）。拉法格是国际工人运动活动家、法国工人党与第二国际主要创建者之一，马克思主义理论家和宣传家，医学博士；其夫人劳拉是马克思的二女儿。克鲁普斯卡娅回忆说：

保罗·拉法格

拉法格夫妇非常殷勤地招待我们。弗拉基米尔对拉法格谈起了自己的哲学著作，劳拉陪我到公园里散步。我很激动，因为在我面前站着的就是马克思的女儿啊！我目不转睛地望着她的脸，情不自禁地从她的脸上寻找着马克思的特点。我在窘困中结结巴巴地谈到妇女参加革命运动，谈到俄国，她回答着，但是我们并没有真正地谈起来。我们回到屋里的时候，拉法格和伊里奇在谈论哲学。劳拉说起她的丈夫："他很快就会证明他的哲学信念是多么真诚"，他们两人有些奇怪地互相看了看。1911年我得到拉法格夫妇去世的消息时，我才懂得了这句话和他们互相投送眼光的意思。他们死了，作为无神论者自杀了，因为年老失去了斗争所必需的力量。

1910年春天，列宁和克鲁普斯卡娅常去观看巴黎国会竞选大会，听人们的演说，特别是法国统一社会党活动家让·饶勒斯和瓦扬·爱德华的讲演。有时他们还去巴黎郊区的剧院听法国革命歌曲。列宁和克鲁普斯卡娅也常去美当森林（离巴黎9公里）稍事休息，散散心，骑自行车玩一玩。1910年6月列宁给莫斯科的亲属写信道："我是和娜嘉一起骑自行车出游的。美当森林很好，很近……"1912年4月列宁在给住在萨拉托夫的母亲的信中说："几天前，我又骑车到森林里去——园里果树都开着白花，'像牛奶浇过一样'，芳香扑鼻，春天多么迷人呀！可惜，我只是一个人去——娜嘉感冒了，嗓子都哑了。"

在巴黎，列宁创办了一份秘密报纸《工人报》，该报从1910年10月一直出版到1912年7月。克鲁普斯卡娅也是该报纸编辑部的秘书，同国内的党组织和党的活动家进行着广泛的通信联系，特别是同工人们的联系。她在一封信中要求：

必须使工人们自己尽可能积极地参加办报工作，为了做到这一点，需要联系，联系，联系……需要来自地方的通讯、报导，而且还需要同地方工作人员就各种各样的问题简单地交换意见。重要的与其说是同组织的联系，不如说是同那些站在斗争中心并且有可能考察它的同志进行联系。同工人们的联系比其他一切都更有意义……

《工人报》第 2 号出来之后，克鲁普斯卡娅给日内瓦的卡尔宾斯基写信道："总之，《工人报》一切都很顺利，同它保持联系的相当多"；"我从俄国收到了许多好的评价。已经向俄国运去了大约 1700 份，他们还要 200 份，但是，我们已经把 3000 份几乎全部分发到各处去了"。

1911 年夏天，列宁在离巴黎 18 公里处的龙寿姆村建立了党校。第一批来到这里的有俄国著名革命者格・康・奥尔忠尼启则。1911 年 1 月 18 日，他从车站直接前往列宁在巴黎的住处，克鲁普斯卡娅热情地接待了他。列宁与他进行了很长时间的交谈，谈论巴库、高加索党的工作情况。这是他们两人第一次单独会面。当天克鲁普斯卡娅就为奥尔忠尼启则安排了居住的房间。第二天奥尔忠尼启则向巴库的同志们写信叙述了克鲁普斯卡娅如何"热情地"接待他的情景。奥尔忠尼启则因在党校开学之前很长时间就已经到了巴黎，所以他帮助组织了党校的一些工作。列宁是学校的灵魂、思想上的领导者，还讲授政治经济学、社会主义的理论与实践、土地问题、历史唯物主义原理等。克鲁普斯卡娅也在学校任教，她教学员们如何向报纸撰写和转递通讯稿，教他们做好秘密工作的规则，讲解在俄国出版合法通俗报纸的重要性和意义。

格・康・奥尔忠尼启则

龙寿姆村党校活动了 3 个月后，它的毕业生都返回俄国从事党的工作了，其中一项重要的工作是筹备全俄党的代表会议。这次会议对于全力扩大和加强国内革命运动的领导是极其必要的。克鲁普斯卡娅非常积极地参加了代表会议的筹备工作。沙皇政府警察局从俄国各地收到告密信，说在搜查被捕者时发现了她写的书信，彼尔姆宪兵队把克鲁普斯卡娅列入了叶卡特林堡（县）社会民主党组织一案的罪犯名单里，原因是她的信“通报了社会民主党在国外的工作进展情况，以及为实现党所提出的任务而作的指示”。娜·康·乌里扬诺娃（即克鲁普斯卡娅）被列入警察局 1912 年 2 月 9 日 89004/185 号第 23005 条侦查通令中，通令称：“……在叶卡特林堡县逮捕她，把她押送给彼尔姆省宪兵队副队长处理。”克鲁普斯卡娅的革命活动受到监视，她没有能够出席 1912 年 1 月俄国社会民主工党全俄第六次（布拉格）代表会议。但是，克鲁普斯卡娅把代表们从巴黎送到布拉格，并且成功阻止了一名奸细分子混入会议。

布拉格代表会议具有重大的国际意义，它作出了为争取统一党的队伍反对机会主义斗争的榜样。这次会议实际上起到了党的代表大会的作用。布拉格代表会议之后，克鲁普斯卡娅开始履行俄国社会民主工党中央委员会国外局秘书的职责。她旗帜鲜明地认为：代表会议对布尔什维克反对孟什维克斗争的整个历史时期进行了总结，巩固了布尔什维克主义的胜利，并且“向前迈进了一大步”。她满怀热情地给国内外布尔什维克组织写信，鼓励他们必须继续同托洛茨基分子、取消派分子（亦称“孟什维克取消派”，1907 年在俄国社会民主工党内出现的机会主义派别）和其他对布尔什维克代表会议决议掀起诽谤性宣传运动的反党分子进行斗争，建议各党组织通过一个拥护和捍卫党的第六次代表会议决议的决定，并且在信中呼吁：“如果不想让社会民主党人被取消派战胜，那么对所有这一切就要给予反击。”

在革命运动高涨的形势下，列宁和克鲁普斯卡娅决定从巴黎搬到靠俄国近一点的地方。6 月 9 日，他们搬到了波兰的克拉科夫市，这里离俄国边境很近，离彼得堡也比较近，第三天就可收到从那里寄来的报纸，给那里的报纸写稿极其方便，也可以更好地联系群众。在克拉科夫，克鲁普斯卡娅像以往一样努力工作。为了更准确和更有成效地同俄国保持联系，她备了一个记事本，把俄国社会民主工党中央委员会的秘密工作地址都记在上面。两年内（1912—1914 年），本子上记了 250 个地址，其中彼得堡有 40 个地址。克鲁普斯卡娅这个写有地址的记事本反映着俄国社会民主工党中央委员会同俄国境内和国外的布尔什维克组织以及外国的社会民主主义运动活动家所保持的广泛联系。列宁经常看这个记事本，并在上面作了许多记号和注释。

克鲁普斯卡娅还协助列宁领导群众性的布尔什维克报纸《真理报》。她

СЕГОДНЯ В НОМЕРЕ:
ПРАВДА
Декада советской музыки
УКАЗ
ПРЕЗИДИУМА ВЕРХОВНОГО СОВЕТА СССР

《真理报》

要求编辑部安排好经常同列宁、同中央委员会国外部的通信，并且完成列宁交给她的许多重要任务。1913 年底，列宁要一份《真理报》订户名单。克鲁普斯卡娅便利用每天晚上的时间认真整理，经过两周，编成了一个很有用的报纸订户分布地图。根据列宁的指示，她写了《〈真理报〉订户统计资料》一文，揭露了沙皇政府对无产阶级合法报纸的镇压。克鲁普斯卡娅得出的结论是：当局对报纸的迫害是达不到目的的，因为《真理报》的力量在于它同工人的紧密联系，工人是它的读者和订户。克鲁普斯卡娅表达了支持无产阶级报纸的坚定信念，她呼吁："同志们，要尽量广泛地开展订阅的宣传工作，这对报纸具有重大的意义。"这篇文章发表在 1914 年 1 月 3 日的《无产阶级真理报》上。

## 《女工》主编

列宁和布尔什维克为吸引妇女无产者参加反对专制制度的斗争，为加强对她们进行政治教育和在布尔什维克的口号下组织起来，决定出版一个专门的公开杂志《女工》。克鲁普斯卡娅是这个刊物的发起人之一，并担任主编。她是编辑部与俄国国内外联系的中心，对杂志的政治思想方向有很大的影响。克鲁普斯卡娅指出："《女工》杂志将力争使女工投身到国际无产阶级的伟大斗争中，使她们更加容易理解和清楚地认识这一斗争的重大意义。"克鲁普斯卡娅为杂志拟定了第一期的计划，并且写了社论，刊登在 1914 年出版的《女工》第一期上。克鲁普斯卡娅在这篇社论中阐述了杂志的宗旨和任务，号召读者全力给以帮助。社论说：

《女工》杂志将力求向觉悟不高的女工讲明她们的利益，指出她们的利益同整个工人阶级利益的一致性……《女工》将从工人利益的观点出发阐明国内所发生的一切事件。它将唤起女工认清工人运动的伟大解放使命，号召她们参加为实现工人运动的伟大目标而进行的斗争。

克鲁普斯卡娅还为《女工》杂志第六期写了一篇题为《彼得堡工人中儿童的死亡率》的文章。她在文章中剖析了工人的孩子死亡率高的主要原因：极端恶劣的生活条件；工人工资收入的微薄；难以承受的劳动强度；不识字和没有文化等等。克鲁普斯卡娅号召女工参加无产阶级运动，同男工们一起争取提高工资、实行八小时工作日和保护母亲的权利。她指出：只有一个新的更好的社会制度才能结束劳动人民的一切灾难！克鲁普斯卡娅认为：对于工人妇女来说，“妇女”问题的实质是她们从资本主义的奴役之下解放出来的方法和手段问题；杂志要使工人妇女投身到国际无产阶级的伟大斗争中来，使她们更加容易理解和清楚地认识无产阶级国际主义的原则。在无产阶级团结的口号下，《女工》杂志编辑部为国际社会主义妇女代表会议的召开在组织上和思想上做好了所有准备工作。在彼得堡、莫斯科、伊万诺沃—沃兹涅先斯克和其他工人集中的地区进行了代表的选举工作。克鲁普斯卡娅为国际代表会议起草了关于俄国无产阶级妇女运动情况的报告。克鲁普斯卡娅强调指出：俄国妇女革命运动有两个特点：布尔什维克党的领导作用和第一次俄国革命的影响。她指出：“1905 年震撼了俄国农村……在城市的各个工厂里最近两年来也洋溢着真正的革命情绪。这种气氛迅速地培育着女工的阶级意识。”报告还谈到布尔什维克党为了反对沙皇专制制度和资产阶级的统治，通过工会、布尔什维克报刊（《真理报》、《保险问题》杂志和《女工》杂志），在团结无产阶级妇女群众方面所做的多方面的工作。克鲁普斯卡娅在大量实际材料的基础上得出结论说：到 1914 年夏天，绝大多数俄国工人和有觉悟的女工都站在了布尔什维克党一边。女工们为自己的阶级利益而生活而斗争。她写道：“她们熟悉和珍视这一时期使俄国工人阶级焦虑的一切问题。”克鲁普斯卡娅的报告很有条理，很有内容，也很生动。报告很快被翻译出来，被送给蔡特金，留下的抄本还译成了法文。

在革命已经成熟的条件下，布尔什维克党决定于 1914 年 8 月召开党的例行代表大会。克鲁普斯卡娅作为中央委员会的秘书，就召开代表大会一事同

蔡特金

地方委员会进行了广泛的通信。她对如何克服某些困难，如何组织各省的代表大会筹备委员会等事宜提出了建议；对上述筹备委员会的职责作了说明；并且告诉他们，什么样的小组有权发代表证书，怎样办理代表证书，怎样把代表转送到国外等。

已经开始的第一次世界帝国主义战争使布尔什维克党例行的代表大会、第二国际代表大会和国际社会主义妇女第三次代表会议无法如期举行。

克鲁普斯卡娅认为：把女工团结在无产阶级国际主义的旗帜下具有重大的意义，于是又发起召开国际左派社会主义者妇女代表会议。此举得到无产阶级妇女运动的著名活动家、社会主义妇女国际局的书记克拉拉·蔡特金的热烈支持。她答应尽一切努力支持使之实现。

国际社会主义妇女代表会议于1915年3月在瑞士的伯尔尼举行。英国、德国、荷兰、意大利、波兰、俄国、法国、瑞士等8个国家的25名代表参加了会议。克鲁普斯卡娅同其他女布尔什维克一起组成了俄国社会民主工党中央委员会代表团出席会议，并就大会的主要议题——关于战争期间妇女的国际和平活动，提出了有独特见解的草案。列宁关于无产阶级政党在帝国主义战争中的策略的指示，奠定了布尔什维克决议的基础。决议中提出了“变帝国主义战争为国内战争”的口号，严厉地批评了背叛社会主义事业的第二国际领袖们。克鲁普斯卡娅参加了国际社会主义妇女代表会议号召书的起草工作。号召书说：

所有国家的劳动人民都是兄弟，只有各国劳动人民的共同决心才能制止住这场大屠杀；只有社会主义才是未来世界和平的保证；推翻资本主义制度，因为它为了有产阶级的财富和权力，而对人类的生命进行大屠杀；打倒战争！向社会主义前进！

克鲁普斯卡娅和布尔什维克代表团其他成员在代表会议上所持的态度，

是坚持原则性的典范，是忠实于无产阶级国际主义的典范，是列宁对任何背离马克思主义关于无产阶级斗争根本问题的观点毫不妥协的典范。

代表会议之后，克鲁普斯卡娅继续为加强同左派社会主义者妇女的国际联系，进行着细致和顽强的工作。布尔什维克，包括克鲁普斯卡娅，在列宁的领导下，在国际舞台上把左派分子团结了起来，帮助一些人避免错误，同机会主义政党决裂，采取正确的、彻底的革命立场，积极投入工人阶级的革命斗争。

党内同志和革命群众非常赞赏和喜欢克鲁普斯卡娅。1912 年 12 月底到 1913 年 1 月初，在克拉科夫召开了俄国社会民主工党中央委员会和党的工作者会议。在本次会议上第一次见到克鲁普斯卡娅的俄国政治活动家格·伊·彼得罗夫斯基回忆说：

早在见面之前就听到一些布尔什维克非常热情地称赞康斯坦丁诺夫娜令人喜欢的个性。大家一谈到列宁的革命工作，就不由自主地联想到她，说她品质高尚，具有美好的心灵和智慧。这次我和第四届国家杜马中的布尔什维克代表小组一起亲自同弗拉基米尔·伊里奇和娜捷施达·康斯坦丁诺夫娜见了面……娜捷施达·康斯坦丁诺夫娜待人诚恳，对人关怀备至，对我们的工作有极大的兴趣，并乐于在我们共同的事业中给予帮助，这些永远使我和我的同志们钦佩。

1913 年春天，克鲁普斯卡娅得了严重的眼球凸出性甲状腺肿胀病，列宁对此十分焦急。列宁劝她到伯尔尼大学教授捷奥多尔·克赫尔外科医师那里去治疗，他是治疗甲状腺病的第一流专家。克鲁普斯卡娅没有立即同意。病情愈发严重，不及时治疗是很危险的。最后，列宁陪同克鲁普斯卡娅一起到了伯尔尼，就住在捷·克赫尔的医院里。1913 年 7 月这位著名的外科医师给克鲁普斯卡娅做了手术。手术后的第二天，还没有从不安中平静下来的列宁给母亲写信说：

亲爱的妈妈！娜嘉动了手术。看来手术很艰巨，娜嘉受了将近三个小时的折磨，没有打麻药，但是她勇敢地忍受过来了。星期四那天情况很坏，发高烧，说胡话，真把我吓坏了。不过昨天显然已经好转，烧退了，脉搏也正常多了……

做完手术以后，克赫尔建议克鲁普斯卡娅还要在瑞士的贝亚腾贝格山中休养两个星期。克鲁普斯卡娅知道，在波罗宁党还有许多事务工作等待着列宁和她去处理，所以，他们7月24日就回到了白杜纳耶茨村。克鲁普斯卡娅在给朋友的信中写道："我们平安到达，中途没有停留……到家后遇到一场大雨，听到一大堆新闻，大部分是令人振奋的。"过了三天，列宁就在波罗宁召开了一次党的中央委员会议。克鲁普斯卡娅积极地投入了筹备俄国社会民主工党中央委员会和党的工作者第二次会议的工作。她关心的是使第四届国家杜马中的全体布尔什维克代表都能来参加会议。

1913年9月底到10月初，在波罗宁召开了俄国社会民主工党中央委员会和党的工作者会议。克鲁普斯卡娅参加了会议的各次会议，并且被选进会议秘书处，还作了关于中央委员会财政状况的报告。

1914年6月，第一次世界大战爆发。由于战争，列宁和克鲁普斯卡娅在波罗宁越来越危险了。当地居民因受到战争的恐吓，相信了俄国间谍的谣言。战争开始后的第七天，就有人无端地指控列宁反对奥匈帝国，是俄国的谍报，列宁夫妇的住处被搜查。克鲁普斯卡娅知道列宁有被捕和受到军事法庭审讯的危险，和他整整坐了一夜，根本没有睡觉。第二天，列宁到了新塔尔克，立即被捕了。克鲁普斯卡娅马上给奥国议会的议员——社会民主党人维克多·阿德勒和格尔曼·狄阿曼德发了电报和信件，请他们和其他奥国社会党人尽一切可能营救列宁。每天她都到监狱里去看望列宁，向他转达设法了解到的有关战争的消息。奥国社会民主党人的坚决要求和波兰革命者、社会活动家们关于释放列宁的请求产生了效果。1914年8月初，列宁获释出狱，出狱后很快地同克鲁普斯卡娅一起回到了波罗宁。

1914年8月中旬，列宁一家动身去瑞士，8月23日到达伯尔尼。1915年2月底，根据列宁的提议，并在他的领导下，在伯尔尼召开了俄国社会民主工党国外支部代表会议。列宁和克鲁普斯卡娅是布尔什维克伦敦支部的代表。会议的中心议题是战争问题。列宁的报告和由他起草的决议，为党的组织、宣传和鼓动工作打下了基础。克鲁普斯卡娅作了关于俄国社会民主工党国外组织任务的报告，在报告中，她简要地汇报了国外组织的活动情况，并且提出了宣传马克思主义理论的任务。克鲁普斯卡娅认为：布尔什维克的首要任务是阐明列宁关于战争、和平和革命问题的观点。为了使国外组织在思想上团结起来，克鲁普斯卡娅建议召开各支部的全体会议，讨论理论问题，并提出应该邀请群众中的同情者参加会议。克鲁普斯卡娅号召国外组织，在一切有来自俄国工人的地方扩大宣传，号召懂外文的布尔什维克在当地社会党人中进行宣传，用一切方法援助和促进俄国工人运动。她对参加这次代表大会的代表们说：布尔什维克应该集中一切力量帮助这个运动，还必须在物质上给予支持，并要求尽一切可能筹集资金。伯尔尼代表会议重新选出了由克鲁普斯卡娅等人组成的国外组织委员会。克鲁普斯卡娅在团结国外各小组和加强他们的国际联系方面做了大量的工作。

为了使列宁能在图书馆里写作，1916 年 2 月，列宁和克鲁普斯卡娅从伯尔尼来到苏黎世。列宁向亲属们写信说："我和娜嘉非常喜欢苏黎世，这里的图书馆很好……"苏黎世是瑞士的最大城市，工商业发达，集聚着许多具有革命志向的外国青年。在这里，社会民主党组织中左派势力也很强大。列宁和克鲁普斯卡娅决定在苏黎世住下来。他们住在鞋匠卡墨列尔家里。卡墨列尔一家都是工人，他们对帝国主义战争持反对态度，楼里其他住户也都有反战情绪。尽管住在这里并不方便，但是列宁和克鲁普斯卡娅却一直住到 1917 年 4 月回俄国的前夕。他们在这里参加了布尔什维克苏黎世支部，而且按时出席支部的会议。

列宁在苏黎世撰写了《帝国主义是资本主义的最高阶段》（简称《帝国主义论》）一书。克鲁普斯卡娅帮助他做一些必要的英文翻译。列宁也同她交换想法，向她介绍书的内容。

这一时期，克鲁普斯卡娅作为国外组织委员会的成员，十分重视在德国和奥匈战俘营里做俄国战俘的工作。克鲁普斯卡娅写了告战俘书——《战后人民会生活得轻松些吗?》，力图唤起战俘对政治问题的关心。克鲁普斯卡娅还为《当俘虏》杂志写了题为《一个老宣传员致俘虏的信》的文章，启发人们去思考实际生活中的社会和政治问题，例如："目前战争的起因是什么?俄国人是由哪些阶级组成的？其他国家的人民是由哪些阶级组成的……各国工人是仇敌吗？……怎样才能结束战争?"克鲁普斯卡娅还同他们通信。她在 1916 年 7 月 1 日总结了在德国和奥匈战俘营中的工作。为战俘建立了图书馆，并组织他们之间互换图书。在这一总结中，提到在集中营中有几个图书馆，每个图书馆有多少书。在有些集中营里，还举办了关于政治问题和政治经济学有关问题的讲座。

从 1915 年夏天到 1917 年 3 月，克鲁普斯卡娅担任瑞士外侨基金局秘书，这个局是为在物质和精神上帮助侨民而建立的。克鲁普斯卡娅的任务是帮助同志们找工作，有时还要帮助同志们治病。在侨民中间生病的人很多。她积极地参加了同结核病的斗争，在苏黎世组织的地方结核病委员会负责同许多医生联系，并且出了一个募捐告示：所得的钱用于治疗结核病人；还负责同设在绍德封、克拉伦、洛桑，达沃斯、日内瓦以及其他城市的外侨基金局取得联系。

## 返回祖国

1917 年 3 月 2 日，列宁和克鲁普斯卡娅得知了俄国二月革命胜利的消息。当天他们就向日内瓦、伯尔尼、达沃斯、克拉伦和斯德哥尔摩等地的布尔什维克发出了信件和电报，通报这个令人振奋的消息。从此刻起，列宁和克鲁普斯卡娅就开始想尽快回到祖国去，回到革命的俄国去。

怎样才能从两个交战的帝国主义国家包围着的瑞士回到祖国呢？3 月 18 日，列宁和克鲁普斯卡娅参加了侨居在瑞士的俄国国际主义者各种政治派别召开的会议，会上讨论了如何返回俄国的问题。列宁支持政治侨民取道德国和瑞典回国的计划。当德国政府同意政治侨民可以通过德国回国的消息时，列宁就对克鲁普斯卡娅说："我们就坐第一班列车。"而离这列车开车的时刻只有两个小时了，他们必须在这段时间里收拾好行装，清理所有的"家产"，同房东把账算清，把书籍归还图书馆，把要随身携带的东西打好行李，等等。事情很多，时间很紧。克鲁普斯卡娅对列宁说："你先走吧，我明天就赶来。"但是，列宁坚决不同意："不，我们一块走。"在这两个小时内，他们火速把必办的事情都料理妥当了，当天就到了伯尔尼——所有回俄国的人都在那里集合。

在伯尔尼，克鲁普斯卡娅写了她在侨居生活中所写的几千封信的最后一封信。她在信中详细地告诉因患重病留在达沃斯的弗·米·卡斯帕罗夫：政治侨民拖延两天才动身的原因和取道德国的条件。信中说：

国内催我们回去……当然，打算做的事情非常之多。最近的生活过得很热闹，并且令人焦急不安。思想早已飞到俄国去了，总是在考虑，那里的情况怎么样。现在，在无产阶级的面前出现了一系列完全新的任务……紧紧地握你的手，愿你尽快康复。在俄国见。

信是在去苏黎世前一个小时写完的。

在苏黎世，列宁和克鲁普斯卡娅到他们过去的住处向房东季·卡墨列尔告别，然后把东西送到车站。他们全部的行李就是：一箱文件，一筐书籍，一盒剪报，一筐报纸，一筐日用品和一个瑞典造的煤油炉。

临行前，列宁、克鲁普斯卡娅和其他政治侨民都在一份声明上签了字（用俄文和德文）。签字人声明：取道德国回俄国途中的一切政治责任均由本人负责。3 月 25 日 15 时 10 分，列宁和克鲁普斯卡娅乘坐的火车，在送行的俄国政治侨民和瑞士社会民主党人、工人及革命青年的《国际歌》歌声中，徐徐离开了车站……

通过德国境内回俄国是一个危险的大胆的行动。整整三天的行程都使人惶惶不安，在每一个大小车站，回俄国的政治侨民都有可能遇到挑衅、搜查和逮捕。三天终于熬过去了。3 月 31 日早上 10 时，火车到达斯德哥尔摩中央火车站，瑞典社会民主党左派、俄国的布尔什维克以及新闻、摄影记者都聚集在这里迎接列宁和他的旅伴。人们向俄国的革命者致词、献花，这一切都使他们感到意外和高兴。瑞典社会民主党左派还设午宴欢迎俄国政治侨民。晚上，列宁、克鲁普斯卡娅和其他政治侨民从斯德哥尔摩出发，经芬兰向俄国边境进发。

1917 年俄国二月革命后列宁回国

到达俄国边境时，他们马上感到了革命的气氛，都为能回到祖国而欢欣鼓舞。克鲁普斯卡娅后来回忆道："无论是不大好的三等车厢，还是俄国的士兵，这一切都使我们感到像是到了自己家一样的亲切。一切都非常之好……很明显，伊里奇变得快活起来了。"克鲁普斯卡娅像所有从国外回来的人一样，很兴奋，想尽快回到彼得堡。

# 第五章

# 宣传主将

制造革命舆论，宣传、发动和组织群众，可以说是国际共产主义运动产生以来无产阶级政党的一种工作模式和成功经验。克鲁普斯卡娅作为马克思主义理论家，始终把宣传马克思主义以及列宁的思想和革命实践作为自己最重要的历史使命。1917 年春结束侨居生活回到俄国后，克鲁普斯卡娅所担任的工作性质与过去不同了，是俄国社会民主工党（布）在彼得格勒维堡区的主要负责人，十月革命胜利后，她更被任命为教育人民委员部委员和政治教育总委员会主席、副教育人民委员等要职。她经常以宣传鼓动家的身份在各种群众集会上发表演说；在布尔什维克的报刊上几乎每周都有她的文章。人们看到的克鲁普斯卡娅是一位出色的演说家、卓越的政论家、朝气蓬勃的宣传鼓动家。她坚持不懈地用党的思想和列宁主义思想教育广大群众和青年一代。她是马克思列宁主义孜孜不倦的宣传者。在列宁逝世以后，她每年都要发表一些纪念文章和演说，介绍列宁的革命活动，阐述他的思想理论。她所做的这一切，充分展现了一位宣传主将的才能和风采。

## 富有演说魅力

1934 年，苏联作家卡塔耶夫和尼库林听了一次克鲁普斯卡娅的讲话，高度评价了她的演讲风格和语言魅力。他们写下了下面的感受：

美妙的列宁风格，词句安排得当，具有列宁伟大事业含义深远的、庄重和纯朴的语言，反对华而不实，即所谓高超的演说艺术。只讲实质，只讲具体，只讲正事。克鲁普斯卡娅所谈的东西，使听众听起来十分明了，使他们没有任何疑问和别的解释……克鲁普斯卡娅的语言不枯燥，没有教训人的意思，可以说，她讲话的语气是非常亲切的，抒情的。

这种语气在同各种人的谈话中，在她写的书评中，在她的很多回信中，都有充分体现。她向我们祖国最遥远的那些角落寄过几百封信。女工作人员和集体农庄庄员、农村阅览室的文化教育工作者、大学生、教师和科学工作者——各种职业和各种不同年龄的人都把这些信件作为宝贵的纪念品珍藏着。克鲁普斯卡娅同他们都有过非常密切的联系。

克鲁普斯卡娅的日常活动和她的通信都具有很强的教育意义。这些文献过去曾经大量发表过，今天在一些专集和书籍中，在群众性的期刊中，仍然在广泛地发表。在重读她的这些文献时，人们感觉似乎又在聆听她那柔和、亲切的演讲，她的音容笑貌似乎又浮现在人们面前。

克鲁普斯卡娅的演讲主题广泛，内容丰富，态度中肯，言语平和，朴实无华。其深刻的思想、鲜明的观点深深地植根于社会现实生活，从而形成了她的演讲特点——善于运用实例。1931 年 7 月 5 日，她在全苏学前机构工作人员第一次代表会议上发表《论儿童的学前教育》的演说。这篇演说全面阐述了克鲁普斯卡娅对学前教育的认识和要求：要让百分之百的儿童接受学前教育；要对儿童进行共产主义教育。她主张“应特别注意让全体儿童人人都参加活动，参加劳动，参加儿童生活的建设，从而使他们组织起来，使他们学会集体工作”；她要求学前教育工作者要努力扩大儿童的视野，充实他们

克鲁普斯卡娅在 1937 年的一次会议上发表演说

的生活经验，培养他们对技术的兴趣，引导他们观察和了解自然与社会环境，唤起他们的思想，培养儿童的独立自主精神，使他们更加成熟地对待社会生活。其中，她谈到对儿童进行反宗教宣传教育时，举出给菜地浇水与上帝的例子，说明由此使孩子们懂得了上帝的菜地里不浇水，结果什么也没长，而要想地里的作物长得好，就得浇水和施肥的道理。她在谈到培养儿童生活的经验时，举出一个 5 岁孩子用木铲敲打石头台阶的例子，说明儿童是在生活中认识物质属性的。这样的讲演，既可以强化论点，又能调节听众情绪，激发听众兴趣，收到演讲的好效果。《论儿童的学前教育》的这篇演说词收入了山东人民出版社 1995 年出版的《著名教育家演讲鉴赏》。

成为一名演说家，不是轻而易举能够做到的。克鲁普斯卡娅过去从未在大型集会上讲过话。对于如何成为一名演说家，她谈得很实在。她说：

演说的本领是可以学会的。我以前从未在大庭广众面前讲过话，讲话感到非常不好意思，感到拘束。但 1917 年从国外回来后，很快就学会了。那时有许多事情需要向群众宣传和说明。

克鲁普斯卡娅具有深厚的理论功底，又非常了解革命斗争的形势和进程以及广大群众的心理和需要。所以，应当向工人、农民、士兵、妇女、青年讲些什么，克鲁普斯卡娅非常清楚，心里有数。她工作的俄国社会民主工党（布）中央出版局内汇集了有关当前局势的许多情报和有关党的生活方面的重要信息。由于她经常同中央书记处的来访者谈话，同男女工人、士兵及其家属有密切的交往，可以说，她对许多事件和情况都了如指掌。同时，她又具有简洁明了的讲话风格，以致她的演讲马上就能抓住听众的心，她的文章能够立即打动读者，能够使人们感觉到她是一个了解他们的人，并且是能够竭尽全力、全心全意帮助他们的人。

克鲁普斯卡娅回国之初，面对彼得格勒的青年工人，有过许多次口头和书面的发言。她后来回忆说："……1917 年用一条非常牢固的线把我同青年工人联结在一起，涉及青年的一切问题我都特别关心。"在那个时期，资产阶级政党千方百计地想把青年工人从布尔什维克队伍中拉走；克鲁普斯卡娅受党中央委托，尽一切努力把青年们团结在布尔什维克党的周围。

克鲁普斯卡娅这次回到俄国十天后，就在彼得格勒最大的革命策源地——维堡区布尔什维克倡议召开的青年工人大会上发表了演说。来自首都（当时彼得格勒还是俄罗斯首都，1918 年后才迁到莫斯科）各区的三百多名代表出席了会议。据报纸报道："以她固有的朴素和诚恳态度……向彼得格勒青年工人代表致意，阐述了成年工人和青年工人在革命中的任务和青年国际的情况……"这是克鲁普斯卡娅对青年作的第一次大型公开演说，此后她发表了多次演说。彼得格勒的青年工人非常喜欢听她介绍西方的青年运动、党的工作和列宁的情况。青年和老工人们都以极大的兴趣阅读她关于青年的文章和致各地党组织的信件，学习她拟定的俄罗斯青年组织示范章程（草案）等。

1917 年 4 月到 6 月，《真理报》发表了克鲁普斯卡娅的一系列文章：《青年团》、《为争取工人青年而斗争》、《工人青年应当怎样组织?》等。这些文章对创建第一个苏维埃国家的共产主义青年组织起了巨大作用。苏联共青团中央在 1925 年出版的克鲁普斯卡娅论青年的论文集的序言中写道："克鲁普斯卡娅在 1917 年发表的文章，拟定的工人青年团示范章程，在列宁格勒卓有成效的工作和致莫斯科的信为建立俄罗斯列宁共产主义青年团奠定了基础。"

克鲁普斯卡娅的演讲令人信服和深受鼓舞。1918 年 8 月，一位出席国家教育委员会第一次会议的女代表在回忆对克鲁普斯卡娅在会上发言的印象时写道：

娜捷施达·康斯坦丁诺夫娜的演说反映出一个英明的马克思主义革命者的经验，她对人民的深刻了解，善于按照他们的劳动、生活和形成他们世界观的环境特点来接近他们。

与会者特别注意到：克鲁普斯卡娅说苏维埃国家机关同旧政权机构有

着根本的区别。她强调指出：必须要求国家机关工作人员在工作中发挥最大程度的主动性和创造性，对人民的态度要诚恳、富有同情心，要提高全体苏维埃人民的觉悟，使他们认识到摆在他们面前的任务就是建设社会主义社会。

## 积极宣传时事

俄国二月革命后，俄国形成了工兵代表苏维埃和以李沃夫公爵为首相的资产阶级临时政府两个政权并存的局面。在人民群众最需要得到指导时，列宁从芬兰回到彼得格勒，并于1917年4月17日（俄历为4月4日）在布尔什维克会议上作了《论无产阶级在这次革命中的任务》（又称《四月提纲》）的报告，并于4月20日刊载在《真理报》。《四月提纲》为布尔什维克党提出了从资产阶级民主革命过渡到社会主义革命的路线、方针和步骤；指出应当使政权转到无产阶级和贫苦农民手中；规定在经济方面，没收地主土地，一切土地收归国有；把所有银行合并为一个国家银行，由苏维埃加以监督；政治方面，由国会制共和国进入到苏维埃共和国，指明苏维埃共和国是资本主义到社会主义过渡时期中最适当的社会政治组织形式，提出“全部政权归苏维埃”。《四月提纲》为布尔什维克党规定了革命的路线，指明了俄国无产阶级革命发展的道路。

克鲁普斯卡娅出席了这次布尔什维克会议。克鲁普斯卡娅对《四月提纲》早有了解。她曾经写道：“这个‘提纲’大概只有同伊里奇一起来的同志不感到意外，因为早已多次同他们商谈过……”克鲁普斯卡娅在同列宁的交谈中，早已经知道列宁所制定的这一政治纲领的基本思想，而且立即毫不犹豫地全部接受了这一政纲。当看到与会者如何注意聆听列宁讲演的时候，克鲁普斯卡娅再一次意识到他们是多么需要列宁确切明了地解答全党所特别关心的这些问题——由民主革命向社会主义革命的过渡问题，无产阶级及其政党对待战争、对待资产阶级临时政府的态度问题，为建立苏维埃共和国而斗争和如何在群众中争取多数的问题，以及关于实行刻不容缓的经济改造问题。

列宁向群众发表讲话

《四月提纲》产生了巨大的影响，大家讨论得极其热烈。克鲁普斯卡娅刚到彼得格勒时，在俄国社会民主工党（布）中央书记处和出版局工作，经常听到来这里的人们对“提纲”的反映。在这里见过她的党员都说：

她是个举止稳重，仪态从容，沉默寡言的中年妇女，她那非常谦逊的神态与众不同，引人注目……她以浓厚的兴趣，仿佛在研究什么似的观察着自己周围的一切，生怕漏掉了什么。

从列宁《四月提纲》公布后的最初时日起，克鲁普斯卡娅就是提纲的积极宣传者。俄国社会民主工党（布）中央委员会为了宣传布尔什维克党的这一新方针，动员了所能动员的一切力量。克鲁普斯卡娅就是在这种形势下被调来参加这一责任重大的工作的。

在这段时间里，克鲁普斯卡娅无论在什么场合，不管发表什么文章都始终一贯地捍卫列宁的思想。甚至在1917年4月16日（俄历）《真理报》上发表的专门论述少年儿童劳动保护的文章中克鲁普斯卡娅还强调指出：

> 我们清楚地看到摆在自己面前的任务——组织全国的生产力。战争赋予我们这样的任务并由于战争它已成为关乎我们生死存亡的大问题。工人阶级要求和平、自由和面包。他们懂得不是靠什么上帝、沙皇、英雄，还是什么“十月党”（俄国大工商业资本家和按资本主义经营的大地主的政党，是俄国自由主义的右翼代表）——立宪民主党政府赐给人民，应当靠“自己的双手”来取得。

克鲁普斯卡娅在这篇文章和1917年春夏发表的其他文章中所表达的思想与列宁的《四月提纲》是呼应的。在这期间，她经常去彼得格勒一些工厂，参加区、市党的代表会议，她也非常满意地看到这些思想被党员群众所熟悉和理解，并且逐渐被传达到广大工人、士兵和农民中去。

## 领军政治教育

克鲁普斯卡娅从1920年11月到1930年担任了一项重要的职务——政治教育总委员会主席。

1920年底，俄国的内战基本结束了，摆在苏维埃共和国各民族面前的新任务是：恢复国民经济，集中力量进行和平经济建设。列宁认为：国家从战争向和平的转变过程要求共产党及其领导下的所有国家组织和社会组织把精力和心血集中到经济建设方面来。克鲁普斯卡娅意识到：当前需要由号召群众同敌人进行武装斗争的鼓动工作转变到长期的、细致的宣传活动；必须帮助工人、农民加深理解革命的成果，明确社会主义建设成绩取决于他们高度的劳动生产率和他们的纪律性、组织性。“接近群众、接近群众的经济工作”应逐渐成为政治教育机关的主要口号。当时，克鲁普斯卡娅所领导的教育人民委员部政治教育司的全部活动已开始重新调整。她不止一次地注意到：该司的工作常常与同样对劳动群众进行政治教育工作的其他组织和部门的工作重复，从而导致了人力和资金的分散和浪费。因此，克鲁普斯卡娅在1920年底偕同其他人一起倡议改组中央和地方党和国家的相关部门。于是，列宁提出改组并建立统一的群众政治教育机构。1920年11月12日，人民委员会批准并公布了《关于共和国政治教育总委员会》的法令。这个委员会的领导（即主席）由克鲁普斯卡娅担任。

克鲁普斯卡娅提出：政治教育总委员会及其地方机构的工作“应该宣传俄共（布）纲领的基本思想，把这个纲领作为最正确地评价了所经历过的历史关头，正确地指出了今后的发展道路，及正确地拟定了应当解决的基本任务的文件来宣传”。克鲁普斯卡娅认为，政治教育总委员会就其性质来说是党的辅助机构，它的光荣任务是“关心智力教育，帮助群众获得正确理解事物的能力和树立共产主义世界观……”同时，总委员会还应当为“培养群众的优秀品质，影响他们的情操和培养他们的共产主义思想”而斗争。宣传、鼓动工作和一切艺术形式都是共和国政治教育总委员会领导下的对群众进行教育工作的手段。政治教育总委员会的任务是由党的政策、和平经济建设、恢复和发展国家经济的目的决定的。克鲁普斯卡娅在为俄罗斯苏维埃联邦社会主义共和国省、县政治教育部门领导人会议拟定政治教育总委员会的第一个综合工作计划时特别强调：目前首先要求“正确安排关于经济建设基本原则的宣传并向群众传授他们需要的知识，以便把这一建设推向更高的阶段”。

1921 年 3 月 8 日至 16 日，在莫斯科召开了俄共（布）第十次代表大会。列宁在会上的讲演，从对局势的深入分析出发，提议在党的经济政策中实行根本的转变，以便在新的基础上为建设社会主义而巩固工人阶级同农民的联盟。列宁在明确提出新经济政策的一些主要原则后，特别强调要学会接近群众，同群众建立牢固的联系，吸引他们参加国家的国民经济恢复和发展事业；党、国家和各种社会组织都应把这些作为工作中固定的任务。克鲁普斯卡娅在“十大”上发言所谈的正是如何实现列宁提出的这些任务。她的讲话专门谈了政治教育总委员会的宗旨和首先要采取的一些工作步骤。克鲁普斯卡娅确信政治教育总委员会“能够做到给予党所需要的帮助”，并号召工会、共青团集中一切力量来完成这些任务。

这次代表大会在克鲁普斯卡娅直接参加下起草的《政治教育总委员会和党的宣传鼓动任务》的决议中，规定了国民政治教育工作者活动的基本方针。决议指出：

政治教育总委员会及其各机关的工作重点应当放在对非党群众的宣传鼓

列宁出席俄共（布）第十次代表大会

动工作和文化教育工作上，同时，政治教育总委员会的工作人员和力量也应尽量用于提高党员的觉悟水平（党校、政治常识学校等）。

代表大会同时强调指出："为了有效地完成自己的基本任务，即群众性的共产主义宣传鼓动工作，政治教育总委员会应当具有党的机关的灵活性，对群众要求的敏感性、机动性，并且将这些特性同系统性、准确性、行动迅速和工作的计划性结合起来。"克鲁普斯卡娅希望自己所领导的政治教育总委员会正是这样的。克鲁普斯卡娅的个人品质和能力也完全符合党对政治教育总委员会领导者提出的要求。共和国政治教育总委员会受到党的高度信任，它同工会、共青团、红军、海军和交通人民委员部中相应的组织，以及其他组织间的关系是建立在协商基础上的相互关系，实际上，政治教育总委员处于领导地位。

俄共（布）"十大"后，克鲁普斯卡娅注重大力宣传"十大"的决议。她在《女共产党人》杂志上发表的《党的"十大"的结果和我们的任务》一文中，特别强调了无产阶级专政对群众多方面的思想影响的重要性；目前群众工作应抓紧进行，这是一项艰巨的创造性的工作，等等。

列宁在俄共（布）第十次代表大会上发言

为了贯彻“十大”的历史性决议，克鲁普斯卡娅领导政治教育总委员会及其全体人员耐心向群众宣传，使之相信“新经济政策”的正确性，使之了解贯彻“新经济政策”是新条件下的主要任务。作为政治教育总委员会的主席，克鲁普斯卡娅本人在这方面亦全力以赴地投入工作。她在宣讲“新经济政策”时强调说：党提出的这一措施，就像“一个要往高处跳的人非做不可的，要先向后退一下，再起步跳”的动作一样。克鲁普斯卡娅从不掩饰党所面临的困难，但总是相信党一定会取得成功。克鲁普斯卡娅在会见一家有影响的美国报纸的女记者路易斯·布兰特时说：“……请您坚信，我们不会灰心丧气，我们的理想一定会实现。”克鲁普斯卡娅谈这番话时，正是在苏维埃国家经济由于遭受战争和外来军事干涉而受到毁灭性大破坏的时候。二十年代初这一时期，克鲁普斯卡娅领导政治教育总委员会的主要精力都集中在提高人民生活、发展生产的宣传工作上。

在上世纪20年代，发展生产的宣传，内容是广泛的、多方面的。党和列宁认为：这是具有国家整体意义的大事。列宁拟定了生产宣传提纲草案。根据这个提纲，克鲁普斯卡娅又在1920年11月制定了一个包括实现生产宣传的组织、方式方法等内容广泛的、详尽的提纲草案，并在《真理报》上发表。克鲁普斯卡娅在提纲中写道：“生产宣传的目的在于提高群众对待劳动的自觉性，使他们成为经济生活的积极改造者。”克鲁普斯卡娅认为：生产宣传无论对城市还是对农村都是非常重要的。她强调指出：“如果说整个恢复和发展生产的工作是我们为建立物质基础而进行的斗争前线，那么，发展农业则是这一斗争不可缺少的后方，是它的后勤保障。”克鲁普斯卡娅认为：生产宣传成就的大小是同扫除居民中的文盲和半文盲的工作，同工农一般文化水平和群众政治觉悟的提高是分不开的。她不止一次地指出：须知，为了

“巩固共产主义，不仅需要修复被白匪破坏的桥梁、道路、工厂和其他设施……”，还要培养新社会的建设者。克鲁普斯卡娅说：

> 在苏维埃俄国，最重要的是人。所以要进行社会主义革命，就是为了使人摆脱剥削，为了人的高度进步，为了人的幸福和自由。发展工业仅仅是手段，而提高人民的福利才是目的。

克鲁普斯卡娅出色地指导了政治教育总委员会生产宣传局的工作。她领导了这个局的出版活动——准备传单、小册子、书籍、各种参考书、有关经济问题的教学大纲和讲义以及各类学校的教学计划。克鲁普斯卡娅把管理定期刊物的组织——俄罗斯通讯社等机关的注意力都吸引到这一工作上来。她是1921年出版的专门杂志《生产宣传》的倡议者之一，许多著名的作家、大科学家和党的工作者都被她吸收到这一杂志的编辑部中来。在这个杂志第一期“告读者”栏目中，刊登了高尔基1920年5月11日发表在《真理报》上的文章。文章说：

> 在资本主义奴役下，无声无息的劳动者，世界上一切宝贵财富的创造者不理解，也不可能理解自己的工作对世界文明所具有的意义……但是现在，同志们，你们大家是给自己工作，为自己工作，不懂得这一点，那就是罪过。

该杂志号召工人、农民以实际行动响应生产宣传。为了使生产宣传更加通俗易懂和形象化，克鲁普斯卡娅把中央和地方的博物馆、影院、戏剧组织以及参加过摄制和导演生产劳动生活影片和戏剧的优秀艺术家都吸收到这项工作中来。她还组织各种专门会议，进行演说，出版地图、图表、多种书籍和小册子，以通俗易懂的方式广泛宣传列宁提出的“共产主义就是苏维埃政权加全国电气化”的口号。克鲁普斯卡娅更是这个口号的热情宣传者，她不止一次地指出：类似这种可以动员工人、农民参加经济建设的号召，其意义是很大的。她说：“……仅仅选择从共产主义观点看是正确的口号还不够，还应当选择对现实具有特殊意义而且能在当前动员群众的口号，因为这样的口号符合群众的切身利益，容易为群众所接受。”列宁关于电气化的口号在当时那样困难的时期里也得到了全国人民的热烈响应。

早在 1920—1921 年，莫斯科附近的沃洛科拉姆斯克县的农民就倡议建设了七个农村发电站。克鲁普斯卡娅和列宁一起高兴地参观过这些电站，她为这一对实现列宁的国家电气化计划尽管还不算太大的成就而感到欢欣鼓舞。克鲁普斯卡娅还努力使生产宣传同政治宣传——解释新经济政策等结合起来。克鲁普斯卡娅曾经积极努力探索采取什么途径和办法能使农民学会农业生产的新的方式方法。她还十分注意国内外出版的有关农业问题的书籍，为数十本有关农业的著作撰写了书评。

在上世纪 20 年代初，俄国已有八万左右个农村阅览室成为农业宣传的据点，农村阅览室工作人员组织农艺师进行农业宣传，在作农业宣传时总是把农业生产与社会主义建设、同争取群众建立良好秩序的斗争，联系起来加以说明。克鲁普斯卡娅本人正是这样对群众进行政治教育的榜样。她把自己的全部工作同争取社会主义的斗争，同吸引全体劳动群众参加这一斗争联系在一起。

## 引导妇女和青年

克鲁普斯卡娅另一方面的重要活动是，她在 1917 年春夏所积极开展的妇女和青年工作。她经常向妇女和青年发表演说，发表专门为他们撰写的文章，阐述新经济政策的意义和妇女、青年参加生产宣传、参加国家社会生活的重要性，她还耐心地给他们讲解实际生活中提出的各种各样的问题。这些演说和文章使妇女和青年深受鼓舞，并学到许多知识。在这一工作中，同样显露出克鲁普斯卡娅作为演说家和政论家的才干。

1917 年 5 月底，克鲁普斯卡娅在俄国社会民主工党（布）中央所属军事组织报纸《士兵真理报》上发表了一篇题为《给备受压迫者指明道路》的文章。她在文章中以愤怒和沉痛的心情谈到劳动人民中受压迫最深重的是妇女，谈到女工和农妇的艰难困苦的生活状况，指出她们的无权和没有社会地位表现在许许多多方面，其中包括劳动妇女被百般限制参与社会和国家政治生活，限制女工和农妇的选举权，而妇女应当在革命过程中争取这一权利，运用这一权利为自己和整个工人阶级的事业谋利益。克鲁普斯卡娅指出：妇女群众的解放进程刚刚开始。她号召工人、农民、各级党组织都要发展和加快这些进程，帮助妇女参加革命事业，把她们吸收到各级苏维埃中来，因为在各级苏维埃组织机构中“没有或者很少有”妇女。妇女积极参加革命和社会工作对“共同努力争取把广大人民群众从一切压迫和暴力下完全解放出来”是非常必要的。

一直以来，克鲁普斯卡娅就喜欢在劳动妇女中进行宣传和教育工作，她把这项工作看作是党的重要任务之一。1917 年 5 月，《女工》杂志复刊，她与该编辑部保持着密切联系，帮助巩固刚刚建立起来的各种妇女组织。克鲁普斯卡娅特别深刻地认识到：妇女是革命队伍中的一个重要组成部分。她在发表演说时经常再三强调妇女解放同劳动人民整体解放的相互关系。关于妇女问题的各种会议，克鲁普斯卡娅几乎都会出席。她经常同彼得格勒工厂的女工、邮电部门的女职员及士兵的家属交谈，帮助妇女组织者和妇女积极分子们开展工作。

克鲁普斯卡娅非常重视和注意引导青年投身革命和社会主义建设。1917 年 10 月，《城市与地方自治》杂志问世了，封面上印有“俄国社会民主工党（布）中央市政经济研究机关刊物”字样，工作人员名单中有克鲁普斯卡娅。在《维堡区杜马》一栏中，刊登了克鲁普斯卡娅关于文化教育司工作的文章，文章报道了工人实地参加新生活建设的初步经验。克鲁普斯卡娅经常同各种年龄的人会见——其中有几十年工龄的老工人，也有十八、九岁的青年工人。她还经常访问军队，给战士们讲话，主持彼得格勒维堡区士兵家属救济委员会分会的工作。克鲁普斯卡娅为改善男女工人的生活作了很大的努力，发动和吸收妇女参加这一工作，对儿童也极为关怀。在她的关怀下，到 1917 年 9 月止，在维堡区已开设了许多食堂。这一切赢得了维堡区人民对她的热爱和尊敬。

克鲁普斯卡娅总是把自己的工作同布尔什维克党的任务和活动紧密地联系在一起。她在维堡区工作时十分重视全党的工作，其中包括党在青年中的组织工作。1917 年 7 月 2 日，她曾在俄国社会民主工党（布）彼得格勒市第二次代表会议上就此问题作了报告，详细地介绍了青年人的情况，其中谈到当时少数青年由于受反动势力的影响而产生的错误，以引起青年人的警戒。她强调：做男女青年的工作必须具有耐心和讲究分寸，呼吁党组织经常关心和帮助他们。根据她的建议，代表会议通过了关于青年工作的专门决议。

克鲁普斯卡娅参加过20年代召开的共青团的历次代表大会，并且都在会上发言。她在1922年10月全俄罗斯共青团第五次代表大会的政治教育组作报告时，特别强调了列宁的指示：青年应当学习。她号召男女青年研究自然规律、自然科学和其他精密科学，以便把自己培养成为名副其实的有知识、有文化的人。

## 宣传马列主义

克鲁普斯卡娅是马列主义，特别是列宁主义的孜孜不倦的热情宣传者，也是苏联共产党领导建设社会主义经验的热情宣传者。1924年，她在欢迎日本青年的贺信中写道：反映在列宁主义中的俄国经验，是每个国家的无产阶级都应当研究的，以便更好地认识本国的斗争条件，以更坚定的步伐走向目的地。

克鲁普斯卡娅是第一部列宁传记的作者。早在1917年春，应前方战士的要求，她就以文章的形式写了列宁的传略——《俄国社会民主工党历史的一页》。这部传记之所以珍贵，是因为它经过列宁的审阅并得到他的赞扬。

列宁逝世后，克鲁普斯卡娅在克制着极度悲伤的情况下，仍接连不断地写文章，回忆列宁颂扬列宁，笔耕不辍；还经常到工农、教师和青年中去，向他们阐述列宁的遗嘱和思想。在列宁逝世后最初几年，克鲁普斯卡娅写了《弗拉基米尔·伊里奇》、《列宁和党》、《列宁论组织社会主义建设事业问题》、《列宁论教育和人民教师》及其他一些论著。在这些文章和克鲁普斯卡娅后来的回忆录中，详细介绍了列宁从童年到逝世整个一生所走过的道路。她描绘了列宁的伟大形象，揭示了列宁的性格、作风特点，阐述了列宁为创建和巩固俄国党，为纯洁革命理论所进行的不懈努力和不倦斗争，以及他在新的历史条件下对马克思主义学说的发展。从而使广大苏联人民更多更好地了解作为世界无产阶级和广大劳动群众的领袖、理论家和组织者的列宁，同时也使广大群众了解到列宁又是一个普通的、谦虚的和非常可爱的人。

列宁逝世后，克鲁普斯卡娅很快就开始了《列宁回忆录》的写作。《列宁回忆录》实际上是列宁的传记。这个传记以俄国和国外历史事件为广阔背景，揭示了列宁的活动同俄共（布）党、工人阶级和广大劳动人民的斗争的有机联系。列宁的日常生活、工作、思想、情感以及他和同志们的相互关系，只有克鲁普斯卡娅——列宁最亲近的人才能写得出来。很多事情都是她从列宁本人那里听到的，是第一手材料。通常在散步时，列宁跟她谈心，谈自己的计划——告诉她什么事情使他焦虑不安；告诉她最近他打算解决一些什么问题，完成哪些任务……这些都是特别珍贵的历史资料。克鲁普斯卡娅引用的列宁生活和工作中的一些事例以及党的一些活动的事实，后来在论述列宁的著作中和党的历史文献中均有记载。

克鲁普斯卡娅所写的《列宁回忆录》出版后，深受读者欢迎。每当《列宁回忆录》出版时，克鲁普斯卡娅都能收到很多读者来信，他们在信中向她表示衷心感谢，并要求她继续写下去。一位读者来信告诉她：回忆录他读了两遍，他不仅给自己全家读，而且还给邻居大声朗读过。一位妇女在给克鲁普斯卡娅的信中说：

……我买了两本列宁的传记。什么时候书架上也放不住，大家总是抢着读。现在木匠又在读它，他已经失业几个月了。他在我这里拿走很多书和杂志去读。他说：“这本书是他读过的最精彩的著作。”

高尔基看到克鲁普斯卡娅写的《列宁回忆录》后，在一封信中写道：

亲爱的娜捷施达·康斯坦丁诺夫娜，现在刚刚读完你的弗拉基米尔·伊里奇的回忆录，它是多么的通俗，多么的亲切，又是多么令人思慕的一本书。很想从遥远的地方紧紧握住你的手，真的，我不知道，难道为了这本书不应该向你说一声谢谢吗？总之，应当对你说点什么，应当同你共享你的回忆录所引起的激动心情。

对于列宁主义的宣传，克鲁普斯卡娅写了上百种小册子和文章，对各阶层人民作过上百次报告。她阐述了列宁关于党，关于无产阶级专政，关于工人阶级的历史作用，关于工农联盟的意义，关于俄国建设社会主义的道路，关于无产阶级的国际主义和关于共产主义道德等学说。克鲁普斯卡娅还提出了关于如何研究列宁主义的很多建议。她强调：在研究列宁主义时，最重要的是要掌握列宁革命学说的实质；她坚决反对不切实际地、学究式地研究方法；强调应当把列宁主义作为在新的历史条件下进一步发展了的马克思主义去理解、去研究；同样对列宁的思想本身也要与具体情况相结合，从发展的观点去进行研究。

克鲁普斯卡娅认为：在青年中宣传马列主义具有极大的意义。她为青年和学生写过许多文章，作过多次报告。同时，她建议在阐述列宁的思想、生活和工作时，还必须认真考虑读者和听众的年龄特点。

根据1924年召开的苏维埃第二次代表大会和俄共（布）第八次代表大会的决议，成立了列宁研究院。克鲁普斯卡娅在筹建这个研究院及其后所进行的工作中起了重要作用。她是该院委员会的委员，参加了全部有关列宁的科学研究工作的领导。研究院的主要任务是出版列宁全集，同时，又要为广大劳动群众出版《列宁选集》。克鲁普斯卡娅送给研究院1230份党的历史文献，其中有一千多份是列宁的亲笔手稿（包括一些著作、书信、摘录、提纲和计划的草稿等）。后来，克鲁普斯卡娅还给研究院补送了大量列宁的文件，同时又把一批列宁批阅过的书送给了研究院。她直接参加了《列宁全集》第二版和第三版、《列宁文集》、六卷本的《列宁选集》和《弗·伊·列宁军事通信集》的出版筹备工作，同时又是一些出版物的倡导者和编辑。

克鲁普斯卡娅孜孜不倦地宣传马列主义，维护列宁的革命形象，为教育几代人做出了贡献，为坚持无产阶级的社会主义道路做出了贡献！

第六章

# 教育大家

克鲁普斯卡娅是苏联教育科学博士学位的第一位获得者，是苏联教育科学院的荣誉院士，十月革命后，一直在苏俄人民委员会（十月革命后设立的国家最高行政机关）担任重要领导职务。她发表了大量论述社会主义教育制度、教育目的、教育和教养内容、原则、方法的论文、报告、讲演及评论，在教育方面有丰厚的理论建树，并且领导苏联社会主义教育事业几十年。前苏联政府和人民对克鲁普斯卡娅富有创造性的教育活动和对发展教育科学与文化教育事业的卓越贡献给予高度评价，授予她劳动红旗勋章和列宁勋章，并设立了克鲁普斯卡娅奖金。联合国教科文组织对她在教育方面的突出成就也给予高度评价，1969 年设立了克鲁普斯卡娅奖金和荣誉证书。

克鲁普斯卡娅是实至名归的马克思主义教育家。我们中国人早就了解克鲁普斯卡娅作为革命家和教育家的光辉业绩，对她怀有崇高的敬意。克鲁普斯卡娅的教育思想对新中国的教育事业很有影响。新中国的教育工作者不断从克鲁普斯卡娅的教育思想中吸取教益。1989 年，为纪念克鲁普斯卡娅诞生 120 周年、逝世 50 周年，一些教育工作者纷纷撰文，阐扬克鲁普斯卡娅的教育思想，缅怀她对社会主义教育事业做出的重大贡献。

## 教育专著

早在克鲁普斯卡娅走向革命的初期，她就在工人中间积极开展马克思主义宣传教育工作。20世纪初，克鲁普斯卡娅第二次侨居国外期间，对教育学和国民教育问题进行了大量的研究。她曾系统地学习、研究马克思主义经典作家的教育思想，并实地考察欧洲一些国家的教育状况和研究民主主义教育家们的经典著作，同时注意收集俄国的教育情况，先后在国内外的秘密或公开的刊物上发表了30多篇颇有见地的关于教育的论文。在这一时期，从事教育问题的研究是她革命工作的一个组成部分。1913年克鲁普斯卡娅在布尔什维克报纸《无产阶级真理报》上发表了四篇文章：《学校工作的组织方法》、《马克思论教育》、《致国民教师代表大会》、《党外学校》。另外，还在布尔什维克的合法杂志《教育》上发表了两篇文章：《谈谈北美和西欧国民教育的状况》（1913年）和《国民教育代表大会的总结》（1914年）。1915年完成了她的教育理论代表作《国民教育和民主主义》。本书初版序言指出："作者撰写本书的目的，是为了探索在民主主义条件下国民教育必须使生产劳动同智力发展相结合的观点是怎样产生和发展起来的。"三版序言指出：

> 本书著于1915年。初版于1917年由生活与知识出版社印行。本书早在二月革命以前即已复印。正因为如此，所以本书写得比较含蓄，而且用语也比较隐晦——旨在逃避检查。本书名没有用《国民教育与工人阶级》，而用了《国民教育和民主主义》。本书已印行两版，每版两万册。

《国民教育和民主主义》是克鲁普斯卡娅完成的第一部马克思主义的教育理论专著，有关马克思主义教育学的基本原理，本书都有所阐述，对研究马克思主义的教育理论与我们中国今天的教育改革和教育实践，仍有重要意义。

列宁曾同克鲁普斯卡娅一起讨论过这本书的提纲，全书脱稿后，列宁又通读了一遍。列宁成为该书的第一个读者，并于1916年2月致函高尔基，恳切地请他协助和支持这本书的出版。列宁在致高尔基的信中说："现将我妻子写的《国民教育和民主主义》一书挂号寄奉。……如蒙您对此书的出版能直接或间接予以协助，将不胜感激。"列宁认为：克鲁普斯卡娅从马克思主义的立场出发，阐明了过去民主教育的遗产，这是非常有价值的。他在给高尔基的这封信中强调指出：您从目录中可以看到，该书前半部还写了民主主义者观点的历史概要。这也是很重要的，"因为其他作者一般都是不正确地叙述或用不正确的观点叙述过去伟大民主主义者的见解"。这部书于 1917 年出版。列宁提到："作者研究教育学已有二十余年，本书既有她亲身考察所得的结果，也有关于欧美新学校的材料……第 2 节和第 12 节可以作为范例。现代即帝国主义时代学校中的变化是根据最近几年的材料叙述的，同时还对俄国的民主主义作了很有意思的说明"。

《国民教育和民主主义》是克鲁普斯卡娅在十月革命前探索俄国教育革新道路的过程中完成的一部最重要的教育著作。克鲁普斯卡娅写这部书的时候，正是第一次世界大战激烈进行之时。这时，帝国主义国家之间的矛盾重重，无法调和；各国无产阶级的政治斗争正在全世界范围内轰轰烈烈地展开。为了指导无产阶级的革命斗争和革命后建设新的生活，在此期间，列宁写成了《帝国主义是资本主义的最高阶段》（简称《帝国主义论》）和《国家与革命》这两部名著。在同一时期和同一目的，列宁建议克鲁普斯卡娅撰写《国民教育和民主主义》。她后来回忆说："当时要为工人阶级取得政权进行准备，要为教育战线进行准备。这一工作成了刻不容缓之举，本当认真抓好，但战争突然爆发了。"经过刻苦钻研和革命活动的锻炼，克鲁普斯卡娅学会了运用马克思主义的立场、观点和方法去解决教育中最困难的问题。这使她在十月革命之前就成了一位有全面理论素养和丰富经验的马克思主义教育理论家。《国民教育和民主

1915 年 5 月列宁与克鲁普斯卡娅在一起

主义》一书概括了她在这一时期研究工作的主要成果，是她在教育理论方面的代表作。这部著作为十月革命后苏联社会主义新学校的建设奠定了理论基础。

全书内容包括：18 世纪末和 19 世纪初对生产劳动在国民教育中所起的作用的看法；工人阶级对生产劳动在国民教育中所起的作用的见解；“读书学校”及其巩固的原因；作为时代标志的学徒制的瓦解；技术的进步与技术方面的新趋势；职业教育及其发展与职业教育性质的改变；读书学校之转变为劳动学校及这种转变的必然性。

在该书的开篇“18 世纪末和 19 世纪初对生产劳动在国民教育中所起的作用的看法”，克鲁普斯卡娅分析了卢梭、裴斯泰洛齐（瑞士教育家；他从热爱儿童，同情农民出发，创办孤儿院，致力于贫困儿童教育，试图通过教育改善农民处境）、费林别尔格（瑞士教育家）和欧文（英国著名空想社会主义者；在教育上，提倡教育与工业生产劳动相结合）等人的教育观点，即他们关于劳动教育的思想，以及为了发展儿童的智力、体力和才能必须把教育与生产劳动结合起来的思想。这是在教育史上，第一次用马克思主义的观点系统地分析民主主义教育家的教育思想。她认为：尽管这些教育家生活在不同的时代，并存在阶级的局限性，但他们的许多观点仍然是很宝贵的，都是应该批判地接受的遗产。她指出：在他们的著作中还有不少关于未来的综合技术教育的预言。

克鲁普斯卡娅认为：他们的这些教育思想具有历史性的进步意义，是马克思主义关于教育和生产劳动相结合与综合技术教育思想发展的准备阶段。关于这个问题的创造性探索，在教育史上也还是第一次。克鲁普斯卡娅指出：卢梭在教育名著《爱弥儿》中，把劳动视为每个人的社会义务，把劳动看作发展儿童智力并使他们正确理解各种社会关系的手段；他主张教育与生产劳动相结合，希望他的学生能像农民那样劳动，像哲学家那样思考。她认为卢梭的这些思想是非常民主的。克鲁普斯

卢梭

卡娅还认为：卢梭的思想对裴斯泰洛齐和欧文很有影响。她还指出：裴斯泰洛齐的劳动教育理论是建立在对瑞士当时的工场手工劳动分析的基础上的。因此，她把这种理论叫做“手工业式的综合技术教育”。对于欧文来说，由于当时已形成现代的工业体系，因此，他关于年轻一代的劳动教学的要求比裴斯泰洛齐就更接近于19世纪中叶马克思在分析大生产的基础上建立起来的综合技术教育理论。

在《工人阶级对生产劳动在国民教育工作中的作用的见解》一章中，克鲁普斯卡娅特别强调地指出：马克思的观点从本质上有别于上述那些思想家的观点。马克思主义关于教育和生产劳动相结合以及综合技术教育的思想是建立在现代化大生产的基础之上的，因而这一思想就必然会导致这样的结论：教育和生产劳动相结合乃是人的全面发展和消灭当时存在的社会分工的重要条件。克鲁普斯卡娅在综述马克思的这一思想时说：“大工业本身的性质要求全面发展的工人，这种工人要具有全面的劳动能力，受过综合技术训练，能操作任何一种机器，懂得各种劳动过程。”以马克思和恩格斯为代表的工人民主主义者在19世纪50年代以及稍后的时期又提出了这一主张，发展了并且科学地论述了这一主张。所以说，克鲁普斯卡娅的这部著作在教育史上是第一次系统地整理、阐明、发挥和宣传了马克思和恩格斯关于教育、关于教育和生产劳动相结合及关于综合技术教育的思想。

本著作后半部的几章，在分析现代工业的特征和分析大量现代资本主义学校材料的基础上证明：从读书学校向劳动学校的转变乃是现代国民学校发展的必然趋势。这个结论是对马克思主义关于教育和生产劳动相结合的思想及综合技术教育思想的具体化，是对马克思主义的这一教育思想在新的历史条件下（即在以电气在工业上的广泛使用为标志的第二次工业技术革命的时代）的重要发展。

在这部著作中，克鲁普斯卡娅已提出了“现代学校”这个新的概念。她说：在18世纪后半期，即在以蒸汽机在工业上的广泛使用为标志的第一次工业技术革命的时代，人们才“第一次提出了必须使人民群众受教育的问题，第一次提出了国民教育的问题。在此以前，学校仅仅是为上等和中等阶层的子女设立的，为下等阶层的子女设立的学校只是极个别的，而且这种学校还怀有特殊的目的”。这是因为，在过去自然经济的条件下，农民和手工业工人的文盲状态是完全可以适应劳动需要的，因为那时的生产是原始的和落后的，同时还被封闭在一个框框里，这样的生产既不要求劳动者识字，也不要求他们有任何的发展，在那个时候是不存在群众性的国民学校问题的。但是，在十九世纪初，当资本主义在欧洲广泛地发展起来的时候，当时就给资产阶级提出了一项任务：如何把这么多拥挤在工厂里的工人进行少许的训练，以便能够在生产上使用他们。在那个时候我们看到：资产阶级考虑到教学的一切可能方式。这时产生的国民学校和吸收了科学教学内容的其他学校，就是“现代学校”。

在克鲁普斯卡娅看来，现代学校最初有两种形式：读书学校和劳动学校。把传统的传授读、写、算技能和宗教知识的学校，克鲁普斯卡娅称之为“读书学校”；把 19 世纪末 20 世纪初在西方教育改革中出现的、对学生进行一定的劳动技能训练、注意儿童个性发展的新型普通学校称为“劳动学校”。克鲁普斯卡娅对第二类学校给予了高度评价。后来劳动学校没有得到发展，读书学校得到了发展；再后来，读书学校又向劳动学校转变。

现代国民学校发展的第一阶段之所以是读书学校，是因为当时的生产和资产阶级需要这种学校。工业和生产发展到这个时期，资产阶级需要这种工人——既不需要具有特殊的体力，也不需要特别机智灵敏，还不需要有手艺，只要求能遵守时间，有自制力、忍耐心和能吃苦耐劳。“读书学校”所培养的正是这种工人，既严守时间，又绝对服从。因此，这个时期读书学校得到了很大发展。克鲁普斯卡娅指出：读书学校具有扼杀儿童个性发展的性质。她写道：“在这种学校里，学生们规规矩矩地坐在书桌跟前，听教员在讲台上讲课。除了书本的知识（这种知识与实际生活几乎没有什么关系）之外，这种学校里什么也不讲，学生的个性备受摧残，并且由于严格的外表纪律而使他们变成了一部机器，无休止地接受传授给他们的知识。”“某些教师把整个一堂课都变成了一种同学生进行的无休止的战斗：侮辱，斥责，赶出教室”。“读书学校”的制度扼杀学生的个性和学生的独立思考能力，训练学生形成顺从的个性。正是这个原因，在整个 19 世纪，民主主义者关于使国民受到全面的教育和劳动技术教育的思想没有得到资产阶级的响应，但却得到工人阶级及其代表马克思的赞同并继承和发展了这一伟大的思想。

在克鲁普斯卡娅看来，现代国民学校发展的第二个阶段是“劳动学校”。用她的话确切地说：是教育和生产劳动相结合的学校，是劳动综合技术学校。克鲁普斯卡娅说：近年来技术的进步已对劳动力的素质提出了新的要求。20

世纪开始后，由于技术的巨大进步，特别有力地把现代工艺学的新趋向——机器劳动提到了首要地位。于是，社会就需要大批全面发展的、有技术能力的工人，这种工人要能很快地适应经常变化和改进的机器和生产过程。“在采用了最完善的机器、使用最完善的生产过程的那些工业部门，对没有受过教育的工人的需要量就少些，而对受过综合技术训练的、具有独立主动精神的工人的需要量就大些”。这个过程当时只是在最先进的工业部门开始，但发展的趋势势不可挡。生产和技术上的变革成为学校改革的动力。“一般说来，工业上特别是军事上对受过全面训练的、具有知识的工人的需求，使得各资本主义国家对技术教育的组织特别重视，并因此对改组整个国民教育工作（把读书学校变为劳动学校）非常重视”。

各种形式的技术学校和训练班很快出现，但是不能满足工业对受过全面训练的工人的需求，随之改革扩展到了普及教育的学校。在美国，接着又在德国，一般的“读书学校”被所谓“劳动学校”代替。克鲁普斯卡娅指出：这种趋势从美国传到德国，又从德国传到欧洲各国。一个重要表现就是国民学校（包括幼儿园）开始实行劳动教育。另一个重要表现是出现了不脱产的工厂学校和厂际学校。在这些学校里，教学和生产劳动是结合着的。

克鲁普斯卡娅认为：和“读书学校”相反，“劳动学校”必须是自由的学校，即学校必须有助于发展学生的自觉性、积极性、独立性和创造性这些现代生产中的工人所必须具备的品质。

劳动学校不能以读书学校作为基础的那些原则做基础。劳动学校要求教科书能发展独立精神，发展学生的个性。学生的个性受压抑，劳动纪律流于表面，这是很难适应劳动学校所提出的任务的。

这样，克鲁普斯卡娅在分析现代生产和现代科学技术的本质特征的基础上就得出了当时国民学校的发展趋势，同时也指出了与现代生产和工人阶级利益相适应的新学校的概念及其特点：这种学校是自由的学校，这种学校还是教育和生产劳动相结合的学校，是劳动和综合技术学校。

1918 年，克鲁普斯卡娅在《论社会主义学校问题》和《社会主义教育的理想》等文章中，又概括出社会主义新学校的两种类型：自由学校和劳动综合技术学校。她说：社会主义学校的唯一目的是能使学生得到充分的、全面的发展，它不会压抑学生的个性，而只是帮助它形成起来。社会主义学校是自由的学校。社会主义学校的第一个特点就是广泛地组织儿童进行生产劳动；在社会主义学校里，应该用科学说明劳动，让人了解整个的生产情况，让人了解社会生活。所以说，教学与综合技术活动在这里的联系是很密切的。学校应该成为生产劳动的学校。克鲁普斯卡娅还指出：现代生产需要劳动学校，但资产阶级又不完全喜欢这种学校。资产阶级不能阻止读书学校向劳动学校的转变，但它却千方百计地以新的劳动学校为自己服务。

可以说，克鲁普斯卡娅所著《国民教育和民主主义》是一部逻辑严密、内容充实、理论前卫的教育科学著作。这是第一部马克思主义的教育理论著作，它的主要结论，特别是关于读书学校向劳动学校转变的原理，对我们今天的教育工作也有指导意义。这部著作总结、概括和宣传了马克思主义教育学说的一系列原理，指出了当时国民学校发展的总趋势，指出了社会主义新学校的特点，在这部著作所阐明的思想指导下，苏俄十月革命后在改造旧学校的工作中取得了历史性的成就，根据这部著作的思想建立起来的劳动学校在为适应恢复和发展生产的需要、培养新的有文化的劳动者方面作出了重要贡献。

《国民教育和民主主义》是克鲁普斯卡娅为迎接十月革命的胜利而献上的一部教育经典著作。俄国十月革命后，这部著作连续多次出版，得到报刊和教育界的热烈欢迎。1918 年第 1 期《工人世界》在书评中说："克鲁普斯卡娅的书向我们回答了这样的问题：为什么最初读书学校得到了胜利，为什么现在劳动学校在发展着。"卢那察尔斯基（俄国 - 苏联社会活动家、教育家、文艺评论家）说：这部著作是我们制定整个工作纲领的依据，无论是确立关于教育的新思想，还是这些思想的具体实施，乃至我们共和国成千上万所学校的具体教学工作和实际的教学进程，我们都是以她在这本书中所阐明的思想为依据。卢那察尔斯基充分肯定了克鲁普斯卡娅关于劳动学校的思想和关于读书学校向劳动学校转变的思想的正确性，并多次指出在这些问题上克鲁普斯卡娅对他的重大影响。这一评价在当时是真实的，也是很自然的。

《国民教育和民主主义》在世界教育史上也占有重要地位。这部书是用马克思主义观点写成的第一部教育专著。书中对外国教育史上诸多教育家的思想的分析和结论都比较客观，并列专章阐述了马克思和恩格斯的教育理论，这些都具有普遍而重要的历史价值。我国教育界学者研究认为：克鲁普斯卡娅大力肯定劳动的意义，坚持教育与生产劳动相结合，坚持综合技术教育，都是十分正确的。由于克鲁普斯卡娅对教育历史遗产的考察重点是教育与生产劳动相结合的问题，而忽视了对智育工作历史经验的总结，以致于把读书学校与劳动学校对立起来，并且肯定生产劳动应该成为学校教育的中心，这是她在教育理论上的一个失误。这一失误在后来苏联教育改革的实践中得到了纠正。

## 列宁的"右手"

在十月革命胜利后苏维埃教育建设的最初年代，克鲁普斯卡娅被誉为"列宁的右手"和"第一秘书"。这个评价恰如其分，也更能显示克鲁普斯卡娅在苏维埃教育建设初期的实际影响。在这一时期，列宁有关教育的决策，往往都与克鲁普斯卡娅讨论，认真征求和听取她的意见；有些文件由克鲁普斯卡娅起草；她还协助列宁处理关于文化教育方面的一些事件，甚至难题。

1917 年 6 月，出版了列宁编辑并作序的《修改党纲的材料》。在该书的后半部分刊印了新旧党纲的条文。附有简短说明的党纲修改草案，其中关于国民教育的条文就是克鲁普斯卡娅起草的。这部分条文中最重要的一条就是："对未满 16 岁的男女儿童一律实行免费的普及义务综合技术教育（从理论上和实践上熟悉一切主要生产部门），把教学工作和儿童的社会生产劳动紧密地结合起来。"十月革命以后，在教育人民委员部刚刚成立时，列宁曾对卢那察尔斯基说过："教育必须进行改革，走一条新路。我想，你一定要和克鲁普斯卡娅好好商量。她将帮助你。她关于这些问题想了很多。我认为：她找到了正确路线……"因此，从十月革命最初

卢那察尔斯基

之日起，克鲁普斯卡娅就参加了党和政府关于教育文件的制定工作和对教育的领导工作，并起了重要的作用。卢那察尔斯基曾对她的工作给予高度的评价，他说：

> 这是充满巨大的创造性工作的年代。这样巨大规模的工作能够推行，完全归功于教育人民委员部的领导人娜·康·克鲁普斯卡娅有成熟的坚定的教育思想。

卢那察尔斯基和教育界人士曾把克鲁普斯卡娅称为“教育人民委员部的灵魂”。

1917 年 10 月 25 日（俄历），俄国十月武装起义取得胜利。次日晚上，列宁在全俄工兵代表苏维埃第二次代表大会上当选为苏俄人民委员会主席。就在那个洋溢着胜利喜悦的夜晚，列宁在克里姆林宫走廊上遇见刚刚就任教育人民委员的卢那察尔斯基，向他表示祝贺，同时对他说：“我现在没有时间对你的新职务作什么指示，对开始阶段的教育工作我也提不出一套周密考虑的想法。”但是，列宁建议他与克鲁普斯卡娅认真谈谈，并嘱咐他“一定要去谈”。可见，列宁对克鲁普斯卡娅对教育的见解与才能是充分肯定的。

列宁对克鲁普斯卡娅相当信赖，以致在俄国 1917 年二月革命与十月革命之交，把修改俄国社会民主工党纲领中关于国民教育条文的重任委托给克鲁普斯卡娅承担。克鲁普斯卡娅不负众望，出色地完成了任务。由于国内局势的急剧发展变化，整个党纲修改工作不得不暂时中断。然而，她拟定的纲领中关于国民教育条文草案成为 1919 年俄共（布）第八次代表大会通过的以列宁草案为基础的纲领中关于国民教育条文的基础，这个 1919 年的党纲沿用 40 多年，一直到 1961 年才终止。

更重要的是：这个纲领关于国民教育的条文充分体现了马克思的基本教育思想，如把普遍的个人的全面自由发展作为共产主义者奋斗的最终目标；把教育同生产劳动相结合作为实现人的全面发展的唯一途径；把综合技术教育作为教育同生产劳动相结合的组成部分，等等。而在 19 世纪 70 年代以后，马克思的这些光辉思想，尤其是综合技术教育思想，在欧洲若干主要马克思主义革命政党的纲领中都没有体现，没有得到应有的重视和地位。1903 年在普列汉诺夫和列宁主持下拟定并通过的《俄国社会民主工党纲领》中也只是提出“对未满十六岁的男女儿童一律实行免费的义务的普通教育和职业教育”，只字未提综合技术教育问题。克鲁普斯卡娅在修改1903年纲领条文时，把上述条文改为“对未满十六岁的男女儿童一律实行免费的义务的普通教育与综合技术教育”；把“职业教育”改为“综合技术教育”。这一改动意味着教育指导思想上的一个重大变化。教育与生产劳动相结合、普遍实施综合技术教育遂成为十月革命以后苏俄教育改革的重要思想支柱之一。

在十月革命后的最初年代里，克鲁普斯卡娅在苏俄教育人民委员部担任部务委员会委员，主管社会教育（后来改称“政治教育”）工作，地位并不显赫，但她除了承担本职工作之外，确实起到了“列宁的右手”的作用。到1920年冬季，苏俄国内战争胜利在望之际，列宁和俄共（布）已经“对国民教育问题，包括无产阶级文化协会给以更大的重视”，从那时起，克鲁普斯卡娅的助手作用更为突出。

1920年冬季，克鲁普斯卡娅提出了“改组教育人民委员部”的建议。这时，苏俄国内战争接近尾声，开始酝酿要把整个工作的重点从战争转移到和平建设的轨道，客观上非常需要加强教育工作，其关键又在于整顿教育行政机构，克服官僚主义，提高教育行政管理效率。在这种情况下，克鲁普斯卡娅于1920年11月19日率先提出改组教育人民委员部的计划。她建议：教育人民委员（相当于教育部长）应该摆脱许多琐细的行政工作；摆脱许多送往迎来的活动；部务会议不要去讨论各种鸡毛蒜皮的问题；人民委员应该抓思想领导，部务会议也不应陷于实际业务工作中，部务会议的任务应主要是讨论某项工作应贯穿的某种指导思想。为此，应增设第二副教育人民委员，协助教育人民委员专门负责行政事务。她还进一步提出改组教育人民委员部的基本原则：主要精神是部属各机构实行明确的职能分工负责制，并确定各机构人员编制。她还建议建立一个专门机构，拟定改组教育人民委员部的方案。克鲁普斯卡娅提出的建议对于列宁及俄共（布）中央委员会关于改组教育人民委员部的决策有明显的影响，列宁起初的观点与克鲁普斯卡娅相近，后来在工作过程中，逐步形成了自己的新思路。

这一时期，还进行了整顿无产阶级文化协会的工作，克鲁普斯卡娅也发挥了重要影响。无产阶级文化协会成立于1917年9月，原称无产阶级文化教育组织，是所谓“独立的工人业余文化教育组织”。十月革命后，该组织迅速发展，其中有些上层领导人物参加教育人民委员部的工作，教育人民委员

1918 年 8 月 28 日，列宁和妻子克鲁普斯卡娅出席全俄教育工作第一次代表大会。

卢那察尔斯基就是该组织的发起人之一。该组织宣称其宗旨是创造新的“无产阶级”的文化，夸大无产阶级文化的特殊性，以致把无产阶级文化同人类长期积累的文化遗产对立起来，否认无产阶级文化同文化遗产的历史联系。他们在夸大无产阶级文化特殊性的同时，还片面地强调无产阶级文化组织的独立性。

俄共（布）中央委员会从 1920 年 10 月开始，着手整顿无产阶级文化协会。应该负责整顿工作的卢那察尔斯基思想认识模糊，工作不得力。1920 年 10 月 5—12 日，无产阶级文化协会召开第一次代表大会。列宁曾建议卢那察尔斯基在报告中要强调无产阶级文化协会必须接受教育人民委员部领导，并成为教育人民委员部的附属机构；而卢那察尔斯基在报告中关于这个问题的表态相当暧昧，对其报告的报道又造成一种印象：似乎卢那察尔斯基赞成无产阶级文化协会在教育人民委员部中“完全自治”。列宁获悉这一情况后，对卢那察尔斯基提出严厉批评，并于 10 月 8 日亲自写了无产阶级文化协会第一次代表大会决议草案。这个决议草案虽被大会通过，但是人们的思想并不统一，连俄共（布）中央的某些领导成员，如布哈林的观点同列宁也不一致，所以事情并未了结。后来又把这个问题提交俄共（布）中央委员会全体会议讨论：会议决定委托季诺维也夫以俄共（布）中央委员会名义起草关于无产阶级文化协会问题的公开信，委托列宁等人就“无产阶级文化”问题发表文章。

在现存的文献中，可以见到克鲁普斯卡娅写的《对无产阶级文化的几点意见》，其中提到：在苏维埃俄罗斯，一切教育工作都应贯穿共产主义精神，无产阶级精神的体现者是无产阶级，因此，无产阶级应该最为积极地参加国民教育的组织工作，如果脱离这一工作而把自己囿于一种特殊的组织，去胡思乱想自己的特殊文化，这就大错特错了。因此，所谓“独立的”无产阶级文化是不许存在的，既然他们的工作与艺术领域有关，那么这项工作就应纳入教育人民委员部所属艺术处的工作，而将其余一部分工作纳入政治教育委员会的工作，因为根据全俄中央执行委员会的决定，政治教育委员会应在党的领导下全盘负责成年人的政治教育工作。克鲁普斯卡娅的《意见》与列宁于10月8日、9日、28日、11月10日先后起草的关于无产阶级文化协会和涉及无产阶级文化协会的决议，以及10月11日在政治局会议上的提问，还有同日给布哈林的信中反复表述的观点是一致的。

列宁对克鲁普斯卡娅有关无产阶级文化的观点相当尊重。俄共（布）中央全会曾决定委托季诺维也夫起草关于无产阶级文化协会问题的公开信。克鲁普斯卡娅在季诺维也夫起草的《公开信》上作了许多重要补充。她提到：无产阶级文化协会产生在十月革命之前，那时它宣布是“独立的”工人组织，是脱离克伦斯基时代（指俄国二月革命后出现的资产阶级临时政府时期）的国民教育部而独立，现在就是脱离苏维埃政权而“独立”了；其“实质是远离共产主义并敌视共产主义的艺术家和哲学家们，不去帮助无产阶级青年认真学习，不去加强他们处理生活和艺术的各种问题的共产主义立场……”“中央不仅不想限制工人知识分子在艺术创作领域的主动性，相反地，中央要为他们创造更为健康正常的环境，使他们有可能卓有成效地影响整个艺术创作事业”。列宁于11月14日致函俄共（布）中央委员会，表示克鲁普斯卡娅的所有修改意见他几乎全部接受。另外，

季诺维也夫

俄共（布）中央曾委托列宁就无产阶级文化协会问题发表文章，列宁未能完成任务，而由克鲁普斯卡娅发表《略论无产阶级文化工作》、《政治教育委员会和艺术》等文章，弥补了这一缺失。

克鲁普斯卡娅还力主适当增加教育经费，坚决反对压缩教育经费。俄国十月革命胜利以后，苏俄教育事业曾经得到一定的恢复与发展。然而，经过1918—1920年的国内战争，经济凋敝，财政拮据，俄共（布）中央政治局在1922年的预算会议上作出关于大量缩减教育人民委员部预算的决议。克鲁普斯卡娅随即上书表示反对这项决议。列宁于5月2日把克鲁普斯卡娅的信件批转给人民委员会的两位副主席亚·德·瞿鲁巴和阿·伊·李可夫，建议他们在人民委员会会议上支持克鲁普斯卡娅的意见，还表示如有必要，这个问题也可提交俄共（布）中央政治局讨论。同年10月，列宁写信给副教育人民委员弗·尼·马克西莫夫斯基，提出根据俄共（布）中央政治局的决议，教育人民委员部预算的其他项目看来也必须重新审定，以便统筹安排，弥补不足等；并要求他立即着手重新审查教育人民委员部的预算，尽量压缩不必要的开支，以便增加中小学校和扫盲工作的经费。

卢那察尔斯基曾把克鲁普斯卡娅称为苏俄教育人民委员部的“灵魂’。从上述事实看，此言不虚。克鲁普斯卡娅确实在苏俄教育工作中有举足轻重的影响。蔡特金有个很客观的说法，她说：谁如果以为克鲁普斯卡娅同志是作为“列宁的夫人”而住在克里姆林宫的，那就未免可笑和无礼了。从以上列举的数端事实，不难看出：克鲁普斯卡娅在人民中享有崇高威望，不仅因为她作为一位老布尔什维克具有伟大的献身精神，而且由于她对于教育问题具有远见卓识。

## 教育事业的组织者

早在十月革命以前，克鲁普斯卡娅就提出了社会主义革命胜利后将建立起新型学校的发展方向，并为此做了思想上和理论上的准备。她曾说：能够创办新生一代所需学校的一天就要到了。我们应当具有创办新型学校的能力，因此也就需要经验，需要趁早在这一方面多加考虑，想清楚到底应当怎么办；

应当为政权转移到工人阶级手中的那一天做准备，应当准备建立新的一条教育战线；新生政权诞生伊始，就要立即开始进行创建社会主义教育体系、改造旧教育的工作。

1917 年 11 月 1 日，人民委员会任命克鲁普斯卡娅为教育人民委员部社会教育司司长；几个月后，她又被任命为教育人民委员部部务委员和其他许多委员会的委员。然而，克鲁普斯卡娅在教育人民委员部工作中所起的作用和意义绝不是由其职位所决定的。渊博的学识和清醒的头脑使她成为教育人民委员部一位真正有才略的"鼓舞者"。这是卢那察尔斯基由衷地赐给她的尊称。他不止一次地强调说：在国民教育领域中，在许多其他人还在摸索、寻找道路和向生活请教时，克鲁普斯卡娅早已有了自己的见解……克鲁普斯卡娅毫无保留地把自己的知识和经验传授给教育人民委员部最初的那个人数不多的集体（总共不到十人）。克鲁普斯卡娅在教育人民委员部最初几周的工作中，就充分地表现出她的优秀品质：具有坚强的忍耐力，说话有分寸，善于倾听和领会交谈者的意见。这使她能够把知识分子中许多著名的活动家吸引到国民教育工作中来。克鲁普斯卡娅为拟定国民教育方面的基本文件，经常同本部的同志在一起连续工作几个小时，废寝忘食。大家共同研究制定关于创办新型学校的宣言，起草了如何组织新型学校工作等问题的文件，并于 1918 年下半年就公布和发给了各级机关。这也显示了克鲁普斯卡娅雷厉风行的工作作风。

刚刚建立的教育人民委员部的第一件工作，是拟定使学校同教会分离的苏维埃国家立法条例草案。这项工作是在克鲁普斯卡娅直接参与下进行的。十月革命前，高达 4 万多所教会办的小学处在教会管辖之下，在这里学习的基本上都是工农子弟。这足以说明贯彻落实这一工作范围之广，规模之大，非常重要。1917 年 12 月 11 日，教育人民委员部向人民委员会提议把所有这些学校转归教育人民委员部管辖。列宁当天就签署了人民委员会关于这一问题的法令。1918 年 1 月 20 日，人民委员会通过了关于信仰自由以及有关教会和宗教团体的法令，宣布教会必须同学校和国家分离。克鲁普斯卡娅认为：制定和贯彻这些法令是实现党在国民教育领域纲领的各项要求的第一步。

俄国布尔什维克党和苏维埃政权要实行学校同教会分离并非轻而易举。大约一年之后，克鲁普斯卡娅在给俄共（布）中央的报告中写道："在党的纲领中提出并以法令的形式宣布成立苏维埃学校时，我们在许许多多的文章和讲话中宣传了不容许有牧师待在学校里，我们的宣传鼓动员曾遭到毒打，甚至被杀害。”克鲁普斯卡娅认为：始终不渝地严格执行关于苏维埃学校的第一个法令是一个原则问题。在这个问题上她不容有任何偏差，还要坚决制止在课外时间进行“神学”教学等企图。克鲁普斯卡娅在为建立苏维埃学校而斗争的同时，还深入考虑对青少年进行教育和培养的特点问题。学校应当不仅是苏维埃式的，而且是劳动的和统一的，这是党的纲领所要求的。必须把这一要求用具体的条文加以规定，以便千百万学校工作人员易于了解。克鲁普斯卡娅为制定这些具体的规定一直非常勤奋地工作着。她时时刻刻都在考虑着新型的苏维埃学校的巩固和在学校中实行新的教学方法的问题。

在苏维埃政权建立初期，克鲁普斯卡娅参加了建立新的苏维埃国家教育制度最重要文件的制定工作，如：《俄罗斯共和国国民教育组织原则》、《俄罗斯联邦统一劳动学校规程》等。第一个文件阐明了国民教育组织的民主基础；第二个文件阐明了学校自治的基本原则。这些法规规定了各级学校的普及性和免费性，学校被宣布为劳动综合技术学校；学校由两级组成：第一级学校为五年，第二级学校为四年。在教学内容方面，强调教学与生活和劳动联系的必要性，发扬学生的积极性和独立工作能力的必要性。还强调把全面发展儿童思维能力、培养学生在生活中的自治能力和独立工作能力放在重要的位置。上述这些文件对学校的革命性改造发挥了显著的作用。

在苏联这个社会主义国家头 20 年所遇到的任何有关建立和发展社会主义教育事业和教育科学的问题都在克鲁普斯卡娅关心和研究的范围之内。在那些年里，克鲁普斯卡娅经常就建立社会主义学校体系问题发表意见，经常深入莫斯科省的各个县，同某些学校建立和保持联系。她也注意研究国内外教育方面的成果，在杂志上对这些成果发表评论，宣传其中有价值的东西。克鲁普斯卡娅对苏联许多著名教育家都有积极的影响，这些人后来都成了她在解决复杂的国民教育问题时的志同道合者。

教育人民委员卢那察尔斯基对克鲁普斯卡娅在那一时期的工作评语是：“在高度的智慧和强有力地监督共产主义教育路线的正确贯彻方面，娜捷施达·康斯坦丁诺夫娜始终站在最高点。”准备为克鲁普斯卡娅写传记的一位作家指出：那时“应当建立新型的学校，以新的内容充实新建立起来的学校，给它提出新的任务，制定出一套新方法，以此来代替渗透东正教（即“正教”，是基督教三大派之一，沙皇俄国尊为国教）和专制精神的旧式学校。克鲁普斯卡娅所从事的正是这些工作，她把教育理论和实际工作很好地结合起来，成功地开辟了苏俄早期的教育新道路。

克鲁普斯卡娅在综合技术教育问题的理论研究中也做出了巨大的贡献。她指出："综合技术教育制度是一个完整的体系，其基础是在各种技术形式中来研究技术……这里还包括对马克思称之为'自然的工艺学'的具体的自然界的研究，包括材料工艺学，以及对生产工具的研究，生产工具的结构，动力技术的研究……"她强调说："综合技术教育制度不是一门什么特殊的学科，它应该贯穿到所有的课程里去。"克鲁普斯卡娅关于综合技术教育的见解就是在今天仍具有重大的指导意义。

克鲁普斯卡娅坚定地站在俄共（布）制定的国民教育纲领和列宁"给教育人民委员部党员工作者的指示"中所确定的立场上。她力求使综合技术教育方面许多当时就容易实行的措施很快付诸实施。克鲁普斯卡娅在为讨论国民教育问题的第一次党的会议所准备的提纲中就这个问题谈了自己的看法。她收到了列宁对提纲的评述，就更坚定了自己的看法。

20 世纪 20 年代初，克鲁普斯卡娅不止一次地就国民教育及其体制问题发表过演说，一直坚定地坚持建立统一的劳动综合技术普通教育学校的主张。她建议把综合技术教育原则贯彻到劳动教育和普通教育课程的学习中去，以求在教学的每一个阶段都安排一定的普通教育的学习内容。这些主张贯穿于克鲁普斯卡娅的所有文章和讲话中。她还坚决支持共青团关于建立和发展工厂艺徒学校和农民青年学校的倡议；主张在国民教育中保留学校的八年级和九年级的体制；并力求使第二级学校接近工人区并加强学校中的劳动和综合技术教学和教育。

克鲁普斯卡娅注意听取列宁对综合技术教育的实际经验要予以密切注意和检验的建议，并且在这方面采取了一系列措施。她亲自分发调查表，收集关于工业区学校的材料，并提出了学校与当地企业的联系问题。她还对介绍综合技术学校先进经验的文章发表评论，并把这些经验变成教育工作者的财富加以推广。

克鲁普斯卡娅在教育人民委员部、国家学术委员会中的活动对国民教育、苏维埃学校的发展产生了巨大的影响。她主持了 1921 年建立的国家学术委员会的科学教育组，并担任了十多年《走向新学校之路》杂志的编辑。这个杂志最初是科学教育组的机关刊物，后来是"马克思主义教育工作者协会"的刊物。

20 世纪 20 年代，苏联教育也同样遇到了由于国家严重的经济状况所造成的巨大困难。为了巩固苏维埃政权和发展国民教育事业，克鲁普斯卡娅设法为学校和政治教育机关增加拨款而不懈努力。这些款项 1921 至 1922 年由于转入地方预算而急剧地减少了。克鲁普斯卡娅激烈而愤怒地发表讲话和写文章，她说：缩减预算不能迫使我们放弃决议提出的口号，不会导致取消政治教育机关以及关闭学校、农村阅览室和停止扫盲工作，而这种情况在地方上却时而发生。她号召吸引全国居民来帮助国民教育事业，为了在教育人民方面采取某些措施，她常常不厌其烦地去说服一些人，使他们相信这些措施是有效的。1922 年 12 月举行的全俄苏维埃第十次代表大会，根据克鲁普斯卡娅的建议发出号召：

> 苏维埃中央和地方政权的一切机关，一切党、工会和合作社组织，共和国的一切工人和农民为国民教育事业、为巩固工农国家的阵地，要最大限度地贡献人力和财力。在这一战线上，今后更加重要的战线上是同黑暗、愚昧、迷信和偏见进行斗争。

效果很快就显现出来了，从 1923 年起，对教育的拨款情况已开始得到明显改善。

苏联党和苏维埃国家高度评价克鲁普斯卡娅在国民教育和群众政治教育方面的工作和贡献。她深受拥戴，1922 年 12 月在全苏苏维埃第一次代表大会上，她被选为中央执行委员会委员，并且此后每届苏维埃代表大会她都重新当选。

## 主要教育思想

克鲁普斯卡娅对在国民教育领域从事理论研究和实际工作有浓厚的兴趣，做起这些工作来，总是兴致勃勃，乐此不疲。她不喜欢行政工作，认为在行政工作岗位上不能充分发挥自己的专长。根据克鲁普斯卡娅的坚决请求，解除了她的副教育人民委员的职务，只做教育人民委员部的一个部务委员，集中精力领导一个重要司的工作，那时称为“社会教育司”。

克鲁普斯卡娅呕心沥血为教育。她担任苏联当时最重要的教育理论刊物《走向新学校之路》（1922—1932 年出刊）的责任编辑时，密切关注国内外教育理论与实践的发展动向，孜孜矻矻地进行教育理论问题研究，寻找俄国教育革新之路，探索建设社会主义新教育体制。据统计，克鲁普斯卡娅在世时，苏联报刊就发表了她自 1901—1939 年撰写的论文、演说和评论将近 1600 篇；1940—1965 年，苏联报刊又陆续发表她的遗作三百多篇。

克鲁普斯卡娅的教育思想相当丰富而系统。她以马克思列宁主义为教育理论探索和教育实践的指南，明确宣布社会主义教育要为社会主义革命和社会主义建设服务；强调学校与生活、理论与实际的联系；重视学生世界观和集体主义精神的培养；重视劳动教育和综合技术教育；注意学生在教育和教学中的主导作用的发挥；重视学前教育、成人教育，并强调发挥人民群众在发展文化教育事业中的作用；对广大学前教育工作者有明确的要求，等等。这些构成了克鲁普斯卡娅教育思想的基本理念，形成了克鲁普斯卡娅独特的教育思想体系，对苏联的教育实践和教育科学的发展产生了重大影响。

克鲁普斯卡娅教育思想的核心是对儿童进行共产主义教育，培养他们成为独立自主、全面发展的人。

克鲁普斯卡娅认为：对于教育来说，主要是培养儿童的共产主义世界观和崇高的意志品质。她特别注意集体主义的教育作用，认为培养学生具有社会活动家及集体主义者的各种技能是学校最重要的任务之一。学校首先要安排好儿童的集体活动，使他们意识到自己是整体的一部分。她在许多著作中告诫教师：要做好班级工作，培养学生的集体主义精神。克鲁普斯卡娅还认为：艺术可以使学生与集体更紧密地接近。她还认为：文学在德育中占有不容忽视的地位，它能培养青少年的爱国主义精神和国际主义精神。优秀的文学作品对青少年的影响远比那些对马克思主义理论采取形式化的庸俗讲授的效果大得多。她说：文学是对新一代进行潜移默化影响的很有力的工具。她要求教师首先要提高自己的觉悟水平，使自己成为共产主义者。对儿童进行共产主义教育，培养他们成为独立自主的人，是她教育思想的核心。由此可见，克鲁普斯卡娅是名副其实的马克思主义教育家。

在共产主义教育的问题上，组织儿童和青少年参加适合其年龄特点的劳动，也是十分必要的，“共产主义教育表现为一定的劳动教育”。集体劳动能够把儿童和青少年培养成自觉的集体主义者。克鲁普斯卡娅提出的《关于1926年小学劳动教育大纲的意见》，一直是制订小学低年级劳动教学的教学大纲采用的内容。克鲁普斯卡娅认为：在编写小学劳动教学的教学大纲时，应当分别确定城市和农村学校学生的教学内容，劳动教学大纲中应说明其标准，指明：第一，发展哪些能力；第二，用什么方法才能发展这些能力（用什么教材）；第三，发展到什么程度，他们在城市和农村中能够运用哪些有益的技能。她写道：“我认为头两年应该特别注意学习教材和教材的特点。”她坚持说：对小学低年级学生来说，是培养劳动技能和技巧的起点。普通劳动综合技术学校，特别是第一级学校的教学大纲，也是在克鲁普斯卡娅的领导下制定出来的。教学大纲要求始终致力于使教育目的充满新的革命内容，并使教学具有教育作用。自然——劳动——社会，是教育的三大支柱。她认为：学校应该唤起儿童对周围环境，既对自然知识方面，也对社会生活方面的兴趣。这样的教学大纲的目的是使学生了解其周围生活，以集体主义和团结一致的精神教育儿童。

克鲁普斯卡娅深入地研究了有关确定教育目的、教育工作原则、教育工作的内容和形式以及对儿童进行共产主义教育等问题。克鲁普斯卡娅说：“教育就是有计划地影响成长中的一代人成为一定类型的人——科学共产主义的忠诚卫士，新的社会关系的体现者，积极的社会活动家和苏维埃国家的公民，坚强的国际主义战士”。“教育孩子的关键应当是把孩子们的生活组织好，使丰富多彩的集体劳动成为生活的基础，而这种劳动闪耀着科学的光辉”。针对少年儿童教育，克鲁普斯卡娅写了《学校和少年先锋队运动》（1924年）、《论少年先锋队运动的一般任务》（1925年）、《少年先锋队运动是一个教育问题》（1927年）、《少年先锋队队员应该学习什么和如何学习?》（1931年）、《给少年先锋队员们的信》（30年代）、《少年先锋队辅导员应该成为什么样的人》（1933年）等一系列文章。克鲁普斯卡娅说：应该注意让全体儿童人人都参加活动，参加劳动，参加儿童生活的建设，从而使他们组织起来，使他们学会集体工作，成为集体主义者。

克鲁普斯卡娅对如何向学生讲述列宁的事迹以及讲哪些事迹的问题，也提出了具体宝贵的建议。她指出：不要只讲述列宁的童年。儿童对列宁的整个生平都感兴趣；还应当讲述列宁希望儿童们成长为“自觉的共产主义者，继承自己父辈的事业，并善于用自己手中的武器来捍卫这个事业”。

教育与生产劳动相结合的问题，是克鲁普斯卡娅在十月革命前探索教育革新之路时十分关注的中心，也是十月革命后她领导教育改革实践中所关注的主要问题。

克鲁普斯卡娅坚持苏维埃学校必须是劳动和综合技术教育的学校，并从学制和教学内容两方面来切实解决教育与生产劳动相结合的问题。

在学制改革上，克鲁普斯卡娅在20年代就一直大力倡导和支持创办工厂艺徒学校、农村青年学校和七年制工厂学校，在九年制学校的八、九年级实行专业化，在普通教育的基础上使学生受到一定的劳动和职业训练，以便适应各地区经济和社会事业的发展。

对教学内容安排的具体意见是：1－4年级，培养从事劳动活动和文化生活最必需的技能和知识，重视儿童观察力、感受力的培养；5－7年级，主要是对劳动活动的基本领域和各种形式的探讨，重视认识能力的培养，自然科学的教学要面向劳动活动；8－9年级，实行分科教学，要求学生全面掌握系统知识，掌握科学的研究方法，培养独立的研究能力和对知识的浓厚兴趣。

克鲁普斯卡娅对教育与生产劳动相结合的主张，也体现在她对成人教育的指导上。她强调：工农大众十分“需要吸取科学中的精华和科学中一切主要的、本质的和有生命力的东西，并能立即在生活中运用和推广”。她一贯重视发展成人教育事业，同样十分强调贯彻教育与生产劳动相结合的原则。她也非常关心扫盲工作。在她的推动下，在全苏联出现了各种形式的成人文化教育机构，如农村的阅览室、城市的人民文化宫、成人学校和俱乐部。1920年，苏俄已办起7000多所成人学校。

在1937年前后，苏联学校的劳动教育被弱化。克鲁普斯卡娅给联共（布）中央委员会书记日丹诺夫写信，批评学校废除劳动教学和教育，指出这是违背列宁主义的行为。然而，在斯大林个人崇拜时期，克鲁普斯卡娅的信没被理会，没有得到答复。这也是克鲁普斯卡娅晚年的苦恼和悲剧。

克鲁普斯卡娅极端关心和重视儿童的学前教育。她对学前教育工作者的最主要要求是：热爱儿童，了解儿童，尊重儿童，要“钻到儿童生活中去”。

克鲁普斯卡娅提出：“首要的是规模，要让百分之百的儿童能上学前机构；其次，学前教育应是共产主义性质的。这就是我们面临的两项任务。”她要求学前教育工作必须重视儿童健康，这件事不能忽视，不能削弱，恰恰相反，要加强，这是一项极其艰巨的任务；要让下一代从小健康强壮；在个人健康上，童年的早期对一个人以后的生活有着深远的影响；保护儿童健康是一项极重要的任务。

克鲁普斯卡娅还提出：为了提高小学的教学和教育质量，还应该创办学前班，这些学前班可以把学前工作同学校工作结合起来。在学前班里，很重要的工作是把学习同游戏结合起来，“儿童在学前班里应掌握很多组织技能”。克鲁普斯卡娅直接参加了苏联最早的《幼儿园章程》和《幼儿园教养员工作指南》等学前教育文献的制定，为所有学龄前儿童献出了慈母般的爱心。

但是，今天看来，克鲁普斯卡娅的教育思想有明显的“突出政治”的印记，对于智育的开发重视不够，品德教育也有流于空泛的倾向；强调对儿童进行共产主义教育，是脱离社会实际的。

## 对我国教育的影响

在20世纪的二三十年代，苏联政府和人民在短短的20年时间里就取得了扫除文盲、普及初等教育、大力发展中等和高等教育，以及广泛建成成人教育网的巨大成就，这其中有克鲁普斯卡娅的重大贡献。苏联的教育成就、经验和克鲁普斯卡娅的教育思想对社会主义新中国的教育工作产生过重要影响。

至今，社会主义新中国的教育理论和教育实践已经走过六十多年的风雨历程，它的形成、发展既得益于我国教育工作者的积极探索，又与20世纪50年代初苏联社会主义教育理论的导入有着密切的关系，其中包括克鲁普斯卡娅教育思想在我国的传播和影响。由于它是作为用马克思主义立场、观点和方法论述教育问题和列宁教育思想的经典而传入和被我国所接受的，其影响渗透到新中国教育理论和教育实践的诸多方面。在教育理论方面的影响，主要体现在师德、集体主义教育思想、成人教育理念、综合技术教育和学前教育理念等领域；在教育实践方面的影响，涉及劳动教育和综合技术教育改革、少年宫建设和少先队工作、学前教育与教学实践，等等。

克鲁普斯卡娅的教育思想对新中国教育理论研究与教育理论书籍的出版亦有很大影响，有关克鲁普斯卡娅教育思想的书籍和列宁传记、克鲁普斯卡娅传记的书籍在图书出版中几十年来持续不断。我国出版了中文译本的《克鲁普斯卡娅教育文选》（上、下卷）和《克鲁普斯卡娅教育书简》。克鲁普斯卡娅的德育思想，包括集体主义教育思想，在《外国教育家论德育》、《德育论》、《学校集体主义教育》等书中均有收入。很多学者注重克鲁普斯卡娅的师德思想研究，在《师德通览》、《师德论》、《教师必读》、《教师伦理学》等著作中均有较多论述。在《教育名言大全》、《教育名言集》、《百家教育典论》、《外国著名教育家锦言集》等书中均收入了她的相关方面的论述。在学前教育与综合技术教育方面，克鲁普斯卡娅的重要思想也被广泛收入在《西方教育思想史》、《外国幼儿教育》、《外国学前教育》、《现代教育论集》之中。在《西方教育学名著提要》、《教育名著评介·外国卷》、《20 世纪教育事典——名人名著 100 篇》等教育史学著作中，她的名著《国民教育和民主主义》均作为重点收入。

克鲁普斯卡娅始终把教育事业和争取无产阶级与全人类的解放、社会主义革命与社会主义建设的胜利紧密地联系在一起，为培养能够献身于社会主义和共产主义伟大事业的新一代服务。她丰富的教育遗产是苏联社会主义教育学的重要组成部分，也是世界教育史上极其光辉的一页。克鲁普斯卡娅教育思想在我国的传播，一方面因为当时中国社会的政治、经济和文化背景，反映了中国社会的需要和适应其存在的一定条件；另一方面，也是由其教育思想本身的理论性、发展趋势所决定的，为我国教育工作者认识和处理

我国出版的《克鲁普斯卡娅教育文选》（上、下卷）

有关教育问题提供了思路和范例。虽然我国在学习苏联的经验过程中存在较严重的左的和教条主义的影响，但克鲁普斯卡娅许多思想、理念在今天仍然很有意义，特别是关于劳动教育、关于教育与生产劳动相结合的思想、关于师德，很值得认真重温，切实借鉴。这有益于具有中国特色社会主义教育理论的建设和推进社会主义教育的改革进程。

## 第七章

# 悲情国母

克鲁普斯卡娅，作为苏联共产党和苏联无产阶级政权缔造者列宁的夫人和战友，从青年时代起就投身于反对沙皇统治的革命斗争，追随和协助列宁为建立苏联共产党和缔造世界上第一个社会主义国家做出了卓越的不可磨灭的巨大而特殊的贡献，在苏联历史上应该具有国母的尊位。她品德高尚，才华出众，并且富有牺牲精神，为革命工作废寝忘食、呕心沥血，赴汤蹈火，在所不辞；她在党务工作、政务工作和教育工作中都做出了杰出的贡献。她自己没有子女，她把所有的爱都给了苏联人民——工人、农民、士兵、妇女、青年和儿童，受到广大人民群众的爱戴和尊敬。在1924年1月列宁逝世以后，她忍受着沉重的悲哀，坚持努力工作，直到生命的最后一息。1939年2月，克鲁普斯卡娅不幸与世长辞！据说她的逝世与斯大林的迫害有关。几十年来，苏联——俄国人民一直深情地怀念着她。1983年7月，人民出版社出版了中文译本《克鲁普斯卡娅传》，在相当于后记的题目是《她永远活在人民的心中》的文章中写道："离克鲁普斯卡娅逝世已不止过了一个十周年了，她是1939年2月27日逝世的，但是她的形象在人民的心目中仍然光彩夺目。"

## 列宁逝世

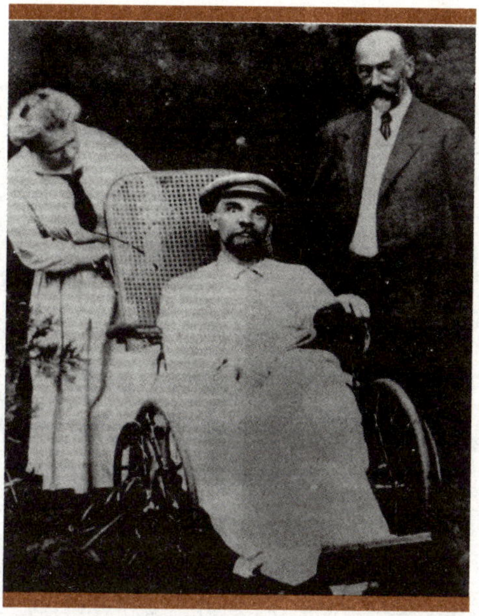
1923 年的列宁，这是他人生留下的最后几张照片之一。

1924 年 1 月列宁逝世。从列宁逝世后的第一年里克鲁普斯卡娅所写的一些文章中可以看出：在列宁患病到病故的最后几个月里，克鲁普斯卡娅经受了怎样的精神煎熬。列宁和克鲁普斯卡娅之间是非常信任和相互理解的。克鲁普斯卡娅就是从这一信任和相互间的深厚感情中汲取精神力量。1923 年的几个月和 1924 年的 1 月，对于克鲁普斯卡娅来说，是最为沉重的日子。她就是过着这样的生活：每天早晨列宁都高兴地同她坐在一起，拉着她的手，他们低声地漫无边际地谈论着各种各样的问题。有时候，病魔好像被列宁争取生存的意志和克鲁普斯卡娅忘我的支持战胜了似的，病魔退却了。这时列宁和克鲁普斯卡娅又开始从事他们早已习惯了的工作。克鲁普斯卡娅回忆说："我们形成了这样一种规矩：当弗拉基米尔·伊里奇看过报纸后，我把按他的指示写的电报、社论和文章读给他听。"尽管列宁讲话功能遭到破坏，但读报和特殊方式的谈话却一直延续到他逝世那天。因为克鲁普斯卡娅比其他任何人都更了解列宁想知道什么，而且在他讲出以前就能猜到他的每一个愿望和想法。她回忆写道："……既然同他在一起生活一辈子，自然就会知道什么事会使他产生怎么样的联想。"在那段时间里，克鲁普斯卡娅承担着快乐而苦恼的任务：她要帮助列宁恢复讲话能力，而后又要帮助他恢复写作能力。列宁只愿意同她一块儿做这些事。根据医生回忆：克鲁普斯卡娅做这些事情的时候"是非常耐心的和满怀深情的……经常是在没有其他人在场的情况下进行的”。

最悲痛的一天还是到来了！1924 年 1 月 21 日晚 6 点 50 分，弗拉基米尔·伊里奇·列宁的心脏停止了跳动！克鲁普斯卡娅同苏联党和国家领导人、亲属和朋友们一起从哥尔克村到寒冷的为悲痛所震惊的莫斯科为他送殡。她从车站到工会大厦，一路上简直就是悲恸的化身。她整日整夜地守候在列宁的灵柩旁。

列宁逝世

1924 年 1 月 26 日，克鲁普斯卡娅走上苏维埃第二次代表大会的讲台，在代表大会的追悼会上作了发言，这一发言不仅使与会者十分感动和震撼，而且永生铭刻在心。

克鲁普斯卡娅讲话的内容是她在其他场合不便于讲的，而且连列宁自己也从未听她讲过。这就是她对苏联人民和全世界无产阶级革命领袖列宁的深刻了解和崇高评价。她说：

生前他的心充满了对所有劳动群众，对被压迫人民的热爱……这种情感他是从俄国英勇革命运动的遗产中继承下来的，它迫使他充满激情地、热情奔放地寻求问题的答案——劳动人民的解放道路应当是怎样的？这个答案他从马克思那里找到了。他不是作为一个图书爱好者去寻找马克思著作的，而是作为一个探索令人苦恼的紧迫问题的答案的人去向马克思著作请教的。因此他在那里找到了这些问题的答案。他带着这些答案去接触工人。

克鲁普斯卡娅讲述了列宁初期的革命生涯，以及他同群众的亲密关系和他对巩固工农联盟的遗嘱，讲述了工人阶级在这一联盟中的领导作用以及它应当完成的历史任务。克鲁普斯卡娅在结束讲话的时候，向各苏维埃共和国的代表们呼吁，并由衷地向党和全体劳动人民发出号召：

共产党员同志们，更高地举起列宁所珍视的旗帜，共产主义的旗帜！

男女工人同志们，男女农民同志们，全世界劳动人民，团结成友好的队伍，站到列宁的旗帜下，站到共产主义的旗帜下！

从那时起，苏联党内许多同志、克鲁普斯卡娅和列宁的朋友、国际共产主义运动和工人运动活动家在和她交谈与给她写信中都表示：她的自持力和勇气给他们留下了强烈的印象。在那些悲痛的日子过去很多年之后，著名革命家费利克斯·柯恩（波兰和国际工人运动活动家，曾任布尔什维克党和共产国际领导人）给她写信说：

当我看到您出现在苏维埃第二次代表大会的讲台上时，当我听到您号召高举列宁的旗帜时，我明白了您从建党时起在党内所起的作用，明白了您为履行您在党的面前所承担的义务，需要具有多么坚强的意志。娜捷施达·康斯坦丁诺夫娜，我到此刻为止已参加革命运动四十多年，经历了许多非常艰苦的时刻，但是我还从来没有经历过像在您讲话时所经历的那种感慨万千、百感交集的时刻。

在整个 1924 年这一年里，克鲁普斯卡娅收到了全国各地工人、农民、红军战士、青年和儿童几千封来信。这些信件使她深受感动，帮助她更坚强地生活下去。对其中一些信件，克鲁普斯卡娅反复阅读，以从中获取新的力量。她不可能给所有写信的人一一复信，但她曾两次通过《真理报》对给她发来慰问信和吊唁的人作了总的答复。她写道："我向你们提出一个极大的请求：不要把对列宁的哀悼流于称颂他的为人。……列宁生前对这一点看得很轻，并深为这样的颂扬而苦恼。"1924 年 1 月 30 日，苏共中央机关报发表了她的告工农妇女书，她在结尾写道："……如果你们要对弗拉基米尔·伊里奇·列宁这个名字表示尊敬，那么就来多创办一些托儿所、幼儿园、儿童之家、学校、图书馆、医务室、医院和残疾人院等等，而最主要的还是让我们在一切方面来实现列宁的遗嘱吧。"克鲁普斯卡娅本人为完成列宁的遗嘱，进行了忘我的工作。

安葬了列宁之后，1 月 28 日早晨 8 点钟，克鲁普斯卡娅就在教育人民委员部开始了自己的第一个工作日。党组织了解克鲁普斯卡娅的心情和她的志向，全联盟共产党（布）中央委员会委托她一个特别重要的职务。1924 年 2 月，建议她尽可能更直接地参加中央监察委员会的工作，其中包括参加中央委员会和中央监察委员会。

## 不幸晚年

克鲁普斯卡娅的晚年是不幸的。我们中国人曾认为克鲁普斯卡娅是"斯大林的战友"。但是她并没有得到斯大林应有的尊重和信任，甚至还受到了斯大林的迫害，以至于她的死都与斯大林有关。

我国出版的《斯大林传——命运与战略》（上、下册）

克鲁普斯卡娅亲历了俄国 20 世纪 30 年代斯大林专制时期的"大清洗"那段历史黑幕：列宁的许多战友和她的朋友们都遭到灭顶之灾，她自己的政治地位也逐渐丧失，人身自由受到限制和威胁，进而受到打击和迫害。她思想上的困惑和心灵上的苦闷是可以想象的！上海人民出版社 2014 年 2 月出版的《斯大林传——命运与战略》披露了这样的具体事实：斯大林把反对派开除出政治局，把克鲁普斯卡娅定性为“分裂分子”。书中说：斯大林对“神圣的象征”——列宁的遗孀作出的残酷的、原则性的评价：

克鲁普斯卡娅是个分裂分子。如果我们想要保持党的统一，就必须像对待分裂分子一样打击她。绝不能在同一时间采用两种相反的方针：既与分裂分子作斗争，又与他们和平相处。这不是辩证法，而是无稽之谈和软弱无能。

2004年6月9日，我国新华通讯社主管主办的《参考消息》以《她只属于列宁和他的革命》为题，转载了同年4月22日俄罗斯《莫斯科共青团员报》题为：《领袖的另一半》（作者奥克萨纳·希米奇）的文章。该文披露了克鲁普斯卡娅晚年的不幸遭遇。在列宁去世以后，斯大林对克鲁普斯卡娅时时处处提防，甚至她已经失去自由。“1939年她过生日的时候，斯大林派人送来了蛋糕。第二天她就去世了”。流亡墨西哥的托洛茨基写道：

克鲁普斯卡娅不仅是列宁的妻子，她自己也是个伟人。她忠于革命，富有能力，为人真诚。她无疑是个聪明的人。她坚信列宁思想的正确。列宁死后，革命发生转折，她人生的不幸随即开始。她的革命理想与纪律观念发生了激烈的冲突。她试图反对斯大林集团，并在1926年短暂地加入反对派阵营。由于担心（党会）出现分裂，她很快又退出了。此后，失去了领袖兼丈夫的她进退两难，不知如何是好。而（斯大林为首的）统治集团则时时提防她，想方设法要从精神上摧毁她。斯大林的党羽表面上对她很尊重，暗地里则四处散布谣言攻击她。斯大林总是提心吊胆，害怕她说些不应该说的话。（因为）她知道得

托洛茨基

太多了。她知道党的历史，她也知道在党的历史中斯大林有什么样的地位。斯大林害怕克鲁普斯卡娅，就像害怕高尔基一样。克鲁普斯卡娅周围到处都是国家政治保安局的人。（她的）老朋友一个接一个地消失。她的一举一动都受到监视。据说，最后，在亚戈达（苏联政治活动家，曾参与组织30年代苏联大清洗运动）和贝利亚（苏共高级领导人，长期担任内务人民委员部首脑，是斯大林大清洗计划的主要执行者之一）的指使下，克里姆林宫的医生对克鲁普斯卡娅使用了慢性毒药。不管这一说法是真是假，确定无疑的是：她是被斯大林迫害致死的。

对于克鲁普斯卡娅与斯大林的关系，一些研究人员提出了一些推测：说克鲁普斯卡娅准备反击斯大林，并准备把1939年3月10日开幕的党的“十八大”作为讲台。据说斯大林实施的对广大党员、干部和群众的大规模镇压激怒了克鲁普斯卡娅，她准备在党的“十八大”会上发言，揭露斯大林的罪行。据克鲁普斯卡娅在教育人民委员部里的亲密同事、早在革命前就认识她的安·格·克拉夫琴科回忆说：克鲁普斯卡娅很想出席代表大会，并很想讲一讲斯大林制度对革命产生的致命损害和影响。但是，她也很犹豫。有一次她说：即便她去参加代表大会，她也不能发言。因为她发言谈到那些丑事，他们就会把她赶下台。有一次他们（指斯大林一伙人）就是这样做的。克鲁普斯卡娅说的是她在党的“十六大”上的发言。而且，据某些人推断：正是惧怕克鲁普斯卡娅可能在“十八大”会议上作揭露性发言，斯大林才下达了除掉这位倔强的列宁遗孀的密令。事实上，她没有等到党的“十八大”召开就去世了。

斯大林

克鲁普斯卡娅也感受到了自己处境不安全。她被强迫搬出了莫斯科附近的哥尔克村。即使留在克里姆林宫的住宅里，她也不像原来那样心里踏实。恐惧感已渗透到社会生活的各个方面，克里姆林宫也不例外。当时阿尔汉格尔斯科耶有一个老布尔什维克休养所，许多著名革命家都到那里度假。克鲁普斯卡娅在生命的最后几年也经常去那里，在老朋友中间她心里还比较踏实，也休息得好些。

1939 年 2 月 23 日，是星期六，她在俄罗斯联邦人民委员会里几乎忙碌了一整天，傍晚时分才回到自己家里。没想到的是：这一天竟成为她生命中的最后一个工作日！她还在阿尔汉格尔斯科耶过了一夜。

2 月 26 日，是克鲁普斯卡娅的生日。贺电和贺信源源不断地寄来，而这时她正住在克里姆林宫医院里。2 月 26 日夜里，她的病情急剧恶化。2 月 27 日早晨 6 时 15 分，她就与世长辞了。2 月 28 日，报纸上刊登了带有致哀黑框的讣告。联共（布）中央委员会及人民委员会，向全国通告了娜捷施达・康斯坦丁诺夫娜逝世的消息。尽管公布了疾病的诊断结果——肠血栓，又引起腹膜炎，但怀疑官方对死因说法的流言在国内慢慢传开。由于她是突然病倒的，就有她是被害死的说法。除了关于有毒蛋糕的说法以外，还流传一种说法——斯大林送来了在内务人民委员部毒品实验室经过特殊加工的新鲜麝香草莓。遗憾的是：直到现在这两种说法既没有被证实也没有被驳倒。

据说斯大林曾指示要组织高规格的克鲁普斯卡娅的葬礼。但是就在葬礼后的第二天，一大清早就有一伙陌生人来到克鲁普斯卡娅生前的住宅进行搜查，部分档案被搜去，其命运如何至今不得而知。

## 致命哀伤

克鲁普斯卡娅是苏联共产党和苏维埃社会主义共和国联盟（简称苏联）的伟大缔造者列宁的夫人，曾位列联邦人民委员、副教育人民委员、政治教育总委员会主席、党中央监察委员会委员、苏联第一届最高苏维埃代表和主席团委员、苏联科学院名誉院士、历届中央执行委员会委员，资历深，声望高。但列宁逝世、斯大林上台后，克鲁普斯卡娅这位“国母”的命运开始逆转——斯大林不仅清除其身边的实权人物，还将克鲁普斯卡娅实质上幽禁起来，直至她默默无闻地死去。

克鲁普斯卡娅一向与斯大林关系疏远。斯大林出身卑微（1879 年出生于格鲁吉亚哥里城一个鞋匠家庭），缺乏教养，性格粗暴。据说斯大林的父亲就是一个好酒贪杯之徒。斯大林也很早就酗酒。鉴于斯大林的家庭出身和个人修养，都与知识分子出身的克鲁普斯卡娅不可能合拍。两人多次发生冲突，还在一次电话中争吵，斯大林甚至破口大骂克鲁普斯卡娅。列宁得知这一情况很生气，立刻给斯大林写信绝交，并修改遗嘱，在遗嘱中加上了一段对斯大林很不利的话。

1922 年底和 1923 年初，列宁在给党的代表大会的信中指出：斯大林担任总书记，掌握了无限权力，但他作风粗暴，对他是否能永远谨慎地使用这一权力表示担心，建议把他从这一职位上调开。但是，当时党的几位主要领导人未能理解列宁这一建议的精神实质和重大意义，还是决定让斯大林留任了总书记。列宁原来的遗嘱给斯大林的评价是：斯大林在政治上没有问题，但他性格粗暴。列宁加上去的那段话是：

斯大林太粗暴。他这种令同志无法容忍的性格，决定了他不适合担任党的总书记；建议把斯大林从总书记职位上换下来，换上别的同志，这位同志在政治上和斯大林一样忠实可靠，却没有他的缺点。

奇怪的是：列宁并没有说明取代斯大林的“这位同志”是谁。列宁死后，遗嘱在几位巨头中公开，斯大林立刻表示辞职，却被“三驾马车”的另外两位——季诺维也夫和加米涅夫挽留了。于是，斯大林在保证改掉缺点的前提下，继续担任总书记。这样，列宁的这个遗嘱也就被隐瞒下来，一直隐瞒了三十多年，直到斯大林去世后的 1961 年 10 月召开苏共“二十二大”才公开。

布哈林

1924 年 1 月列宁逝世以后，季诺维也夫和加米涅夫维护斯大林坐稳了总书记的“宝座”，接着伙同斯大林整治了托洛茨基，把托洛茨基作为党内反对派公开游街示众，也把克鲁普斯卡娅打成反对派的头目之一。不久，斯大林又靠组织手段，把托洛茨基驱逐出境。后来又与布哈林结盟，将季诺维也夫和加米涅夫驱逐出权力中心。1928—1929年，又以工农业政策上的分歧，给布哈林等人加上“右倾投降主义”的罪名，收拾了布哈林、李可夫等人。再以后，以1934年12月1日苏共中央政治局委员基洛夫被刺杀案为由，在全国范围内实行为期多年的大规模镇压，制造了大批的冤假错案，使大批党政军领导人、知识分子和普通民众受迫害，遭流放，甚至被屠杀；例如，1924年5月（列宁刚去世不久）召开的联共（布）“十三大”，选出的政治局委员7人，除斯大林外，5人都被判处死刑或暗杀，包括：布哈林、加米涅夫、季诺维也夫、李可夫、托洛茨基；1934年召开的联共（布）“十七大”选出的139名中央委员和候补委员中，98人（占70.5%）在1937—1938年被捕和被处决，出席大会的1961名代表中，有1108名（占56.5%）遭到逮捕；1939年，全俄监狱在押犯人达到900万人，两个家庭就有一人在服刑。对普通人来说，当看到一辆黑色轿车停在楼下时，就会战战兢兢地等待那个恐怖的敲门声，最后惊愕地发现，原来是邻居一家从此消失了。有多少人在斯大林时代（1924.1.21列宁逝世—1953.3.5斯大林逝世）非正常地死亡？被誉为“俄罗斯良心”的诺贝尔奖获得者、苏联作家索尔仁尼琴1973年发表的长篇小说《古拉格群岛》的中译本（1983年出版）有所推测，在斯大林时代非正常死亡数字举世震惊！索尔仁尼琴是这样写的：

关于这些枪决——有哪个法学家，有哪个刑事史家能给我们举出核实的统计数字来呢？这个特别档案库在哪里呀？我们要能潜进去读一读数字该有多好。这些数字现在没有，将来也不会有。

谁想到1991年苏联解体，顷刻之间大厦倾倒，一个政权、一种体制在一个国家的彻底崩溃，让世人有了知道这个政权历史真相的可能。1999年，亚·尼·雅科夫列夫的《一杯苦酒——俄罗斯的布尔什维克主义和改革运动》在中国翻译出版，书中写道：“仅仅这个世纪（20世纪），俄罗斯由于战争、饥饿和镇压就死亡了6000多万人。”他还写道：“1954年，内务部部长克鲁格洛夫（他本人曾是斯大林镇压的积极参与者、强制迁徙北高加索民族的组织者）报呈赫鲁晓夫：1930年至1953年间遭镇压的人数约为370万人，其中76.5万人被枪决。”由于雅科夫列夫是戈尔巴乔夫时代的苏共中央政治局委员、苏联总统特别顾问，在戈尔巴乔夫和叶利钦两个时期都担任“政治镇压受害人平反委员会”主席，所以他提供的数字应该是可信的，不算官方也至少是半官方。1990年苏联解体后，苏联的历史档案逐渐被解密公开，铁幕后面的秘密越来越多地显露出来。这些档案吸引了全世界的研究者和关注这些历史的人。2002年《苏联历史档案选编》（执行总主编沈志华）共34卷在中国出版，其中《关于苏联大清洗》和《关于历史案件的平反》等专题，都提到斯大林时代的政治迫害和非正常死亡情况，特别是第30卷的《苏共中央政治局大镇压事件复查委员会的简要报告（1988年12月25日）》里有了正式被镇压人数的官方数字。报告中写道：

研究国家安全机关的文献资料确定：1930—1953年间根据由苏联人民委员会国家政治保卫总局、内务人民委员部、国家安全人民委员部——国家安全部等机关起诉的刑事案件，有3778234人受到镇压，其中被判处极刑（枪决）的786098人。在被镇压的人中间，由执法机关判决的有1299828人（其中枪决129550人），由非执法机关判决的有2478406人（其中枪决656548人）。

该《报告》在多年研究档案的基础上，公布了这样的事实：“根据文献判定，斯大林亲自监督过镇压活动”、“斯大林是不经法院和侦查而进行大规模的逮捕和枪决、成千上万的人被驱逐出境的倡导者和组织者”。报告说：“犯罪的行为泛滥成灾，表现为内务人民委员部拟定清单，交苏联最高法院军事法庭或内务人民委员部‘特别会议’审理，而且‘惩罚已事先确定。这些名单呈送斯大林本人。”《报告》举例说：在1937—1938年期间的383份名单中，有44000高级干部、高级军官和经济管理人员受到惩罚，其中39000人被枪决。“在这些名单上有斯大林和政治局其他成员的亲笔批示。在383份名单中斯大林签字的有362份，莫洛托夫签字的有373份，伏罗希洛夫签字的有195份，卡冈诺维奇签字的有191份，日丹诺夫签字的有177份。还有米高扬、叶若夫和斯·柯秀尔的签字。政治局委员们不仅同意提出的镇压建议，而且还批字鼓励内务人民委员部机关工作人员进一步镇压，而在个别人姓名的上面有批字‘杀——杀’”。雅科夫列夫在《一杯苦酒》中还写道：除了上述被镇压的370多万人以外，“还应当追加受害于集体化时期的340万人以及遭镇压的330万少数民族，这样就超过了1000万人”。苏联档案公开和《一杯苦酒》一书出版时索尔仁尼琴还健在，不知他对这些数字有什么看法，是否相信这个非正常死亡的数字。

苏联20世纪30年代的“大清洗”被官方称为“肃反”，当不得不面对惊人的滥杀滥捕无辜问题时，被发明了一个含混暧昧的词：“肃反扩大化”。这一场“肃反扩大化”同时也制造了对斯大林的个人崇拜。这场“扩大化”也扩大得太离谱了吧！

在斯大林集权制度产生及其加强的条件下，发生了上述一系列骇人听闻、血淋淋的恐怖、残酷的事件，作为列宁的遗孀，克鲁普斯卡娅的心情会是怎样的沉痛？痛苦？焦虑？悲哀？被碾进可怕的庞大的镇压机器轮子下面的首先是那些最老的党员、那些长年在列宁身边工作的同志。克鲁普斯卡娅一定想保护那些人不受迫害。她做得到吗？事实上，内务人民委员部各机关对她的抗议干脆不理睬，也不予答复。她曾两眼含泪地恳求保护叶梅利亚诺夫的生命。叶梅利亚诺夫原是彼得堡的一名工人，曾经将正在逃亡的列宁隐藏在拉兹利夫的一个窝棚里。1921年，列宁请求给他以最充分的信任和多方帮助。但克鲁普斯卡娅的保护无济于事，1935年已超过退休年龄的叶梅利亚诺夫照样被逮捕，过了约20年的监禁和流放生活。悲痛万分的克鲁普斯卡娅要求对叶梅利亚诺夫的一家人、对他的三个曾经帮助列宁隐藏在拉兹利夫的儿子给予宽恕。她的哀求和眼泪没有感动任何人，他们的命运与其他人同样悲惨。说个题外话，提起苏联这段极其黑暗的历史，确认了一个说法：“不做高官不受害，不享荣华不担惊”啊！

## ✪ 万般无奈

斯大林及其亲信以十分怠慢的态度对待列宁多年最亲密的朋友和战友、同列宁一起缔造党和苏维埃国家的克鲁普斯卡娅，并批评和指责克鲁普斯卡娅在介绍列宁和一系列党史问题上犯有错误，斯大林甚至曾经指使听他话的报界和学术界要“改造”克鲁普斯卡娅这个固执者。面对斯大林所做的一切，克鲁普斯卡娅又能怎么样？

据说，后来就出现了一些奇怪的事情：克鲁普斯卡娅曾撰文歌颂斯大林的英明领导，谴责被处死的“反党集团”，就连她本人的回忆录也一改再改。斯大林打倒了谁，她就把谁的名字从列宁的战友名单中除去，最后只剩下斯大林一位“列宁亲手选定的接班人”。这些能是出于她的本意吗？

在她撰写的关于教育问题的文章中，经常突然出现一些赞扬斯大林的字句、段落，她根本不清楚是从哪里来的，但是她默认了。同时她明白：为被“惩罚”的同志们进行辩护只能是害了他们，没有任何益处。为此，她也沉默了。只有一次在审判布哈林的时候，她对秘书B·德里佐说：“玛涅奇卡多幸运啊（指玛丽亚·乌里扬诺娃——列宁的妹妹，死于1937年6月）！她没有看到这个情况。”不能制止暴行的发生，只能祈求“眼不见心不烦”了，这就是万般无奈啊！

克鲁普斯卡娅在1926年说过：“假若伊里奇（列宁）还活着，大概他已经坐牢了。”这就是她对斯大林攫取权力后的反应，可见她悲哀无奈到什么地步！1930年夏天，克鲁普斯卡娅在一次会上发言，表示不赞成斯大林的集体化方针。她说：斯大林实行的集体化与列宁的合作制计划毫无共同之处。中央委员会的领导人既没有征询党的意见，也没有征询人民的意见。卡冈诺维奇和安·布勃诺夫立即做了反对克鲁普斯卡娅尖锐而粗暴的发言，并嚣张地说：“克鲁普斯卡娅——她不是指引我党奔向幸福的那座灯塔。”

原来，托洛茨基组成所谓反对派，是想用民主国家合法斗争的方式来斗垮斯大林。当时，克鲁普斯卡娅是赞成的，曾经利用列宁遗孀的特殊地位来号召群众。她能够给斯大林带来致命的威胁。斯大林极为愤怒，打电话和克鲁普斯卡娅大吵，最后威胁克鲁普斯卡娅说：“你再胡闹下去，我就要让别人来做列宁的遗孀！”深爱列宁的克鲁普斯卡娅实在无法想象这种可怕的前景。于是，克鲁普斯卡娅屈服了，再不敢凭良心说话，听任别人用她的名义写文章，改回忆录，最后整个私生活都处在秘密警察的监控之下，丧失了起码的行动自由。她本人最后郁郁而终，也有历史学家推测，她是被毒死的。

当年，在一份《反对派简报》中登载了已经被驱逐出国的托洛茨基对克鲁普斯卡娅死亡的看法，他说：

我们并不想怪罪娜捷施达·康斯坦丁诺夫娜没有决心同波拿巴主义的官

僚制度（法国的一种专制统治形式，这种专制统治的特征是以军阀为首领，以军警、官僚和教会为工具，实行民族侵略政策的政策）公开断绝关系……责任感在极大程度上是克鲁普斯卡娅固有的品德。她有足够的胆量，但缺乏思想勇气。我们怀着深深的悲痛，为她——列宁的忠实伴侣、无可指责的革命家和最可悲的一位历史人物送行。

苏联人民尊敬和爱戴克鲁普斯卡娅，感佩她分担过列宁在非常艰苦的生活中的苦恼和不幸，赞赏她那极富魅力的领袖忠实伴侣的形象。但是，在斯大林个人专断时期，似乎什么都变了：克鲁普斯卡娅过去所做的事情几乎统统被一笔勾销；她的著作不予发表；她以前出版的书必须从书架上撤掉；关于她本人的情况，各报刊都保持沉默；甚至在纪念革命节日的日子里对克鲁普斯卡娅也只字不提。与此同时，高层对克鲁普斯卡娅越来越疏远、轻视和不友好。克鲁普斯卡娅的私人秘书德里佐说：列宁去世后，斯大林同克鲁普斯卡娅只交谈过一次，还是在 1925 年。那时，克鲁普斯卡娅同意季诺维也夫反对派的观点。斯大林非常不愿意看到她同反对派走到一起。他许诺如果她拒绝反对派，就让她当政治局委员，但克鲁普斯卡娅说她不准备改变自己的信念。德里佐认为：斯大林当然不会饶恕她这一点。从此以后，斯大林再也没有接见过她。斯大林对克鲁普斯卡娅的这种不友善的态度很快就被他的亲信们觉察出来，并且心领神会，明枪暗箭，齐人攫金，暗室亏心。布勃诺夫，这位新任教育人民委员根本就不尊重克鲁普斯卡娅；不仅不理解她，而且还常常在教育人民委员部的部务会议上粗暴地侮辱她。克鲁普斯卡娅默默地忍受屈辱，在她实在忍受不了时，便请求辞职。政治局没有批准她的辞呈，在最后的数年中，她很少到教育人民委员部自己的办公室去。

## 沉痛悼念

1939 年 2 月底，当克鲁普斯卡娅逝世的噩耗传到中国时，我国广大人民群众，特别是劳动妇女深感悲痛。为追悼克鲁普斯卡娅和纪念国际妇女节及陕甘宁边区妇联成立一周年，陕甘宁边区政府机关报《新中华报》3月6日发表了题为《纪念三八国际妇女节，追悼克鲁普斯卡娅同志》的社论；还发表了题为《追悼模范女革命家克鲁普斯卡娅同志》的文章，较全面地介绍了"共产主义战士、苏联教育家、列宁的夫人"克鲁普斯卡娅的生平，指出克鲁普斯卡娅是"共产党的最老的、最忠实的、最努力的、最积极的和最有教育程度的工作者之一。她在列宁领导之下，将其一生心力完全用于革命事业。她的一生工作，对于革命和无产阶级有很大的功劳"。3月8日，在延安北门外广场隆重集会，纪念三八国际妇女节，追悼克鲁普斯卡娅同志。简明的会场，庄严肃穆，首先映入眼帘的是全世界劳动者的教育家、劳动妇女的领袖、苏联人民的国母——克鲁普斯卡娅同志的遗像，装饰着鲜花，安放在主席台的一端；中国人民的国母、中国妇女的领袖——宋庆龄女士的肖像放在主席台的另一端。主席台的上方和会场周围悬挂着各种醒目的标语。在众人热烈的欢呼和掌声中，中共中央领导人毛泽东、王明、王稼祥、陈云、李富春、谢觉哉等人走进会场。各单位、学校代表和各条战线的女英雄、女模范参加大会。大会首先为克鲁普斯卡娅及为抗战牺牲的女战士、女同胞默哀；毛泽东、王明、李富春、张琴秋、孟庆树、赵烽、曹桂芳以及各机关、学校、团体代表先后在大会上发言。毛泽东主席的讲话充分肯定了妇女在中国革命中的伟大作用，号召向克鲁普斯卡娅学习。

《新中华报》1939年3月6日的社论在历数了克鲁普斯卡娅的历史功绩之后，称赞她是"全世界妇女运动的一面大旗"，号召广大中国妇女向她学习。社论指出：在今年纪念"三八"的时候，而我们世界妇女运动的领袖——克鲁普斯卡娅同志于上月27日逝世了。她不仅一生鞠躬尽瘁于革命事业，尤其是对于妇女运动有过极大的贡献。她为着革命工作，曾经两次被捕；为着苏联社会主义建设的胜利，尽过最大的努力；在反对法西斯侵略保卫世界和平的斗争中，一直奋斗到最后一口气。她是列宁最亲近最亲切的助手，是斯大林的战友，是全世界妇女运动的一面大旗。她的去世，使世界妇女失去了一个很好的领袖，这不能不说在今天妇女解放事业上是个莫大的损失，我们特遥致无限的悼意。模范的女革命家——克鲁普斯卡娅同志虽然永远地离开了我们，但她一生奋斗的革命精神是不死的。今年纪念"三八"时，处在战争烈火中的中国妇女，应该学习她的奋斗精神，来争取民族解放与妇女自身的解放！

克鲁普斯卡娅在一篇自传性文章的结束语中写道：我真是幸福，能够看到工人阶级的力量日渐增长，看到工人阶级的政党不断巩固，能够目睹世界上最伟大的革命，目睹社会主义新制度的萌芽和生活中翻天覆地的变化。她还说道：过去，我常常惋惜我没有孩子。现在却不然了，因为现在我有很多孩子——共产主义青年团员和少年先锋队员。他们都已成为列宁主义者，或者渴望成为列宁主义者。克鲁普斯卡娅认识到：在苏维埃俄国，最重要的应该是人。所以要进行社会主义革命，就是为了使人摆脱剥削，为了人的高度进步，为了人的幸福和自由。

但是，她在斯大林专制时期的所见所闻和亲历，完全亵渎了她的崇高理想和高尚情感，或许她会反思一些什么，例如：那些血淋淋的暴行为什么会在“革命”的名义之下大行其道？

无论苏联那段历史怎样复杂曲折，克鲁普斯卡娅都是一个纯洁透明的人，一个富有理想和追求的人。她的一生是光辉的一生，奋斗的一生。她把自己毕生的精力全部奉献给了祖国，奉献给了无产阶级和劳动人民。她作为共产党的优秀分子，作为著名教育家，成为苏联人民，特别是青年的榜样。在1941—1945年的苏联卫国战争期间，在敌人的大后方以克鲁普斯卡娅的名字命名的游击队很快地组织起来和行动起来，其中还有一支由优秀姑娘们组成的游击队，就是以克鲁普斯卡娅的名字命名的，克鲁普斯卡娅榜样的力量鼓舞着他们冲锋陷阵，保家卫国！

克鲁普斯卡娅所建树的丰功伟业，她的高尚精神和影响力是永存的！她的英名永垂史册！

# 克鲁普斯卡娅大事年表

**1869 年**

• 2 月 14 日（俄历，公历 26 日），克鲁普斯卡娅诞生。

**1881 年**

• 先在公立学校学习，后来进入彼得堡私立奥波连斯卡娅女子中学。

**1886 年**

• 中学毕业，获得金质奖章，后入附设师范班学习。

**1887 年**

• 在师范班毕业，获得家庭教师资格证书，在一寄宿学校工作。

**1889 年**

• 同米 · 伊 · 勃鲁斯涅夫的社会民主主义小组建立了联系。

**1890 年**

• 先后加入社会民主主义小组、马克思主义小组。

**1891—1896 年**

• 在斯摩棱斯克星期日夜校教书，在工人中宣传马克思主义。

**1894 年**

• 在彼得堡马克思主义者会议上第一次同列宁见面。

**1895 年**

• 被指定为“继承者”，掌握本组织所有的秘密关系，成为彼得堡“工人阶级解放斗争协会”核心成员。

**1896 年**

• 6—8 月，参加组织彼得堡纺织工人罢工；8 月被捕，监禁在彼得堡。

**1897 年**

• 被判决流放乌法省三年。经申请，被允许到列宁流放的舒申斯克村服刑。

## 1898 年

- 在母亲陪同下来到舒申斯克村列宁处，并同列宁结婚，开始写《工人妇女》一书。

## 1899 年

- 8 月 20—22 日，参加在叶尔马科夫斯科耶村召开的十七名被政治流放的马克思主义者会议。

## 1900 年

- 2 月，帮助列宁创建《火星报》。

## 1901 年

- 3 月，结束流放生活，离开乌法省，来到慕尼黑列宁处，任《火星报》秘书。

## 1902 年

- 3 月，同列宁离开慕尼黑到伦敦；秋天被选入国外同盟行政机关——同盟领导中心。

## 1903 年

- 4 月底—5 月初，和列宁前往日内瓦，《火星报》迁移到此地出版。
- 7—8 月，参加在布鲁塞尔和伦敦举行的俄国社会民主工党第二次代表大会的工作。

## 1904 年

- 7 月，参加 22 名布尔什维克会议，会上通过了列宁写的《告全党书》，会后发往俄国。
- 11 月，开始任布尔什维克报纸《前进报》秘书。

## 1905 年

- 4 月，和列宁离开日内瓦到伦敦参加党的第三次代表大会的工作，在会上多次发言。
- 4 月 27 日，在中央委员会第一次会议上被任命为中央委员会国外局秘书，另任俄国社会民主工党中央机关报——《无产者报》秘书。
- 12 月 12—17 日，参加塔墨尔福斯布尔什维克第一代表会议。

## 1908 年

- 2 月，担任《无产者报》编辑部秘书、《信箱》部的领导人。

**1909 年**

• 5 月，参加列宁直接领导的、《无产者报》编辑部和社会民主工党地方组织的代表会议；在编辑部扩大会议被选入经济委员会和布尔什维克中央书记处。

**1911 年**

• 在龙寿姆村（离巴黎不远）党校的组织和工作中给列宁以帮助，给学员讲授新闻业务，出版秘密报纸经验，及进行秘密工作的方法。

**1912 年**

• 被任命为俄国社会民主工党中央委员会秘书。

**1913 年**

• 9 月，参加俄国社会民主工党中央委员会和党的工作者波罗宁会议，被选为大会秘书，并作了中央委员会的财政情况报告。

**1914 年**

• 6 月，为国际社会主义妇女第三次代表会议准备报告，大会预定于 8 月5 日召开。

• 7 月，为了使列宁从新塔尔克（加里西亚）监狱中获释，采取了一系列措施。列宁是因受到诬告而被关在那里的。

• 8 月，参加布尔什维克伯尔尼会议。

**1915 年**

• 2 月，参加在伯尔尼召开的俄国社会民主工党国外布尔什维克支部代表会议，作《俄国社会民主工党国外组织的任务》的报告，被选为国外组织委员会委员。

• 3 月，作为俄国社会民主工党中央委员会的代表参加伯尔尼国际社会主义妇女代表会议，支持列宁关于战争、和平和社会主义革命的策略，参加起草代表会议呼吁书。

• 同年撰写《国民教育与民主主义》一书。

**1916 年**

• 2—6 月，帮助列宁收集《帝国主义是资本主义的最高阶段》一书的资料，把非洲殖民地的资料从英文译成俄文。

**1917 年**

• 2—6 月，制订出版《教育辞典》或《教育百科全书》的计划。

- 4月，参加俄国社会民主工党（布）四月召开的第七次全国代表会议。
- 5月，受列宁委托拟定了党纲中与国民教育有关的条款的修改草案。为《士兵真理报》写了一篇标题为《俄国社会民主工党历史的一页》的文章，这是关于列宁的第一部传记。
- 7—8月，参加俄国社会民主工党（布）第六次代表大会，并参加代表大会的青年工作小组。
- 11月1日，被任命为教育人民委员部社会教育司司长，任职到1920年中。
- 同年，《国民教育与民主主义》一书出版。

## 1918年

- 3月6—8日，出席俄国共产党（布）第七次临时代表大会。
- 7月，参加全俄教师第一次代表大会并作了报告。
- 8月26—30日，参加全俄第一次教育代表大会并作了《新制度下的社会教育》的报告，致了闭幕辞。
- 9月，下旬参加全俄无产阶级文化教育组织第一次代表会议并作了《社会主义教育最高目的》的报告。
- 11月6—9日，参加全俄苏维埃第六次非常代表大会的工作，被选为全俄中央执行委员会委员。

## 1919年

- 3月，参加俄共（布）第八次代表大会的工作，出席代表大会纲领委员会会议，在此会议上对国民教育大纲的条例作了审查。
- 5月，领导和主持全俄社会教育第一次代表大会，并作了报告。
- 春天参加筹备引导无产阶级妇女参加党的活动的共产国际第一次大会。
- 10月，俄共（布）中央委员会妇女工作部成立，克鲁普斯卡娅是部务委员。
- 10月5—8日，参加俄罗斯共产主义青年团第二次代表大会，并致贺词。
- 10月5—9日，参加全俄苏维埃第七次代表大会，当选全俄中央执行委员会委员。

## 1920年

- 3月，参加俄共（布）第九次代表大会的工作。

• 7 月，参加共产国际第二次代表大会的工作；同月参加国际女共产党员第一次代表大会。

• 11 月，任政治教育总委员会主席。

• 12 月，参加全俄苏维埃第八次代表大会，选为全俄中央执行委员会委员。

• 同年《关于社会教育事业的普通教育和职业技术教育任务》的小册子问世。

## 1921 年

• 3 月，参加俄共（布）第十次代表大会，被选为代表大会起草报告决议委员会委员。

• 6 月，参加共产国际第三次代表大会。

• 7 月，参加国际女共产党员第二次代表会议，被选入主席团，并讲了话。

• 9 月，参加全俄罗斯共青团第四次代表大会，就学校的形势问题讲话，并号召共青团员充实教师队伍。

• 12 月，参加全俄苏维埃第九次代表大会；选为全俄中央执行委员会委员。同月参加俄苏维埃党校和高级共产主义学校第一次代表大会并发表了演说。

## 1922 年

• 2 月，参加全俄扫盲第一次代表大会并作报告。

• 3 月，参加俄共（布）第十一次代表大会，被选为有关报刊和宣传问题的委员会和小组的成员。

• 5 月，为青年们写了《我是怎样成为马克思主义者的》文章。

• 10 月，参加全俄罗斯共青团第五次代表大会，致祝词并讲话；在代表大会的政治教育工作小组会议上作了关于青年自学的报告。

• 11 月，参加共产国际第四次代表大会，作了题为《关于共产党在群众教育和培养方面的工作》的报告。

• 12 月，参加全俄苏维埃第十次代表大会，当选为全俄中央执行委员会委员。

## 1923 年

• 1—3 月，受俄共（布）中央委员会委托，为第十二次代表大会准备关于国内政治教育统一系统的材料，又为党内和群众宣传、学校工作方法提纲起草委员会委员。

• 4 月，参加俄共（布）第十二次代表大会。

• 10 月，进入列宁研究院院务委员会。

• 12 月初，参加各加盟共和国教育人民委员部会议，就苏联国民教育体制问题作报告。

## 1924 年

• 1 月 21 日，列宁逝世。克鲁普斯卡娅守在列宁身旁一直到他的最后一息。克鲁普斯卡娅在列宁灵柩旁守灵。

• 1 月 29 日，全俄苏维埃第十一次代表大会选举克鲁普斯卡娅为全俄中央执行委员会委员。

• 5 月，参加俄共（布）第十三次代表大会工作，被选入主席团，在讨论俄共（布）中央委员会总结报告和《农村文化工作》补充报告时发了言，被选入代表大会的委员会。

• 6—7 月，参加共产国际第五次代表大会。

• 7 月，参加国际女共产党员第三次代表会议，被选入主席团，致了祝词和作了《关于妇女的社会教育》的报告。

• 7 月，参加俄罗斯列宁主义共青团第六次代表大会，被选入名誉主席团，以《培养列宁主义者》为题讲了话。

## 1925 年

• 1 月，领导和主持全苏教师第一次代表大会工作；作了题为《苏维埃学校》的报告；作了关于同儿童流浪街头的现象作斗争的讲话，致大会开幕词，并作大会的总结报告。同月发表文章和讲话以纪念列宁逝世一周年。

• 5 月，参加全俄苏维埃第十二次代表大会，被选入大会主席团，并当选为全俄中央执行委员会委员。

• 10 月，参加由联共（布）中央委员会宣传部和政治教育总委员会召开的全苏自学第一次会议，作了题为《计划性和自学》的报告。

• 12 月，参加联共（布）第十四次代表大会，被选入大会主席团，在讨论政治和组织报告时发了三次言；当选为联共（布）中央监察委员会委员。

### 1926 年

• 1 月，参加全俄“扫盲”协会第一次代表大会。发表文章纪念列宁逝世两周年。

• 3 月，参加俄罗斯列宁共产主义青年团第七次代表大会，并作儿童共产主义运动的任务的报告。

• 5 月，宣布全俄政治教育第四次代表大会开幕；为大会提供了在工人中进行政治教育工作的材料。

• 11 月，参加全苏农村青年文化教育工作第一次会议，并讲话。

### 1927 年

• 1 月，发表纪念列宁的文章。

• 3 月，参加全苏教育工作者第六次代表大会，并就政治教育工作和教学工作的关系问题讲了话。

• 4 月，参加全俄苏维埃第十三次代表大会工作，就俄罗斯联邦国民教育总情况的报告发了言，并当选为全俄中央执行委员会委员。

• 7 月，参加全苏学校工作者会议，就工厂艺徒学校教学发表了演说。

• 11 月，参加莫斯科省党的第十六次代表会议，发言批评托洛茨基和季诺维也夫的反党立场，谈加强党的严格纪律的必要性。

• 12 月，参加联共（布）第十五次代表大会，就联共（布）中央委员会总结报告和《农村工作》报告发了言，并当选为联共（布）中央委员会委员。

### 1928 年

• 1 月，参加联共（布）中央委员会宣传鼓动部研究少先队运动问题的党的会议，并作了报告；同月参加改善东方妇女劳动条件和生活习惯的全苏会议并讲了话。

• 5 月，参加全苏列宁主义共青团第八次代表大会，并作了报告。

• 9 月，在纪念国际青年节群众大会上和在以列宁命名的乌里扬诺夫斯克红旗步兵学校毕业的指挥员毕业晚会上讲了话。

• 12 月，参加全苏东方妇女会议，并发表了演说。

### 1929 年

• 2 月，苏联国内广泛开展庆祝克鲁普斯卡娅诞辰六十周年的活动。她收到来自劳动人民、党和苏维埃组织以及国外的几千封信件。

- 3 月，全俄中央执行委员会主席团授予克鲁普斯卡娅劳动红旗勋章。
- 4 月，参加联共（布）第十六次代表会议。
- 5 月，参加全俄苏维埃第十四次代表大会，发表了演说，并当选为全俄中央执行委员会委员。同月参加全苏苏维埃第五次代表大会，当选苏联中央执行委员会委员。
- 10 月，被俄罗斯联邦人民委员会任命为副教育人民委员。
- 12 月，就任马克思主义者——教育工作者协会主席，直至 1935 年 2 月。

## 1930 年

- 3 月，参加苏维埃第六次代表大会，被选入主席团，当选苏联中央执行委员会委员。
- 4 月，参加全苏国民教育第二次党的会议，并作了报告。
- 6—7 月，参加联共（布）第十六次代表大会，就中央委员会的总结报告发了言；当选联共（布）中央委员会委员。
- 8 月，领导和主持全俄综合技术教育第一次代表大会。
- 10 月，在关于制定综合技术教育法规草案的一次专门政府委员会会议上讲了话。

## 1931 年

- 1 月，参加全苏列宁共产主义青年团第九次代表大会，并发表演说。
- 2 月，参加全俄普及教育第一次代表大会，作了提高学校工作质量的报告。参加全俄苏维埃第十五次代表大会，被选入主席团，在讨论普及教育和学校实行综合技术教育报告时发了言；当选全俄中央执行委员会委员。
- 3 月，参加苏联苏维埃第六次代表大会，选入主席团，并当选苏联中央执行委员会委员。
- 4 月，参加全苏科学规划第一次代表大会，并发表演说。
- 10 月，在马克思主义者教育家协会晚会上作题为《列宁在第二次政治教育代表大会上讲话以来的十年》的报告。

## 1932 年

- 1 月，参加联共（布）第十七次代表会议。
- 4 月，参加全苏教育工作者第八次代表大会，被选为教育工会中央委员会委员。

• 6 月，撰写文章《工厂史——阶级斗争史》；为有声影片《我们的高尔基》发表演说。

• 11 月，参加全苏工程技术工作者代表大会综合技术教育制度小组的工作。

• 12 月，参加全俄边区和省人民教育局负责人和苏维埃社会主义自治共和国教育人民委员会议，并讲了话。

## 1933 年

• 3 月，被苏联中央执行委员会主席团授予列宁勋章。

• 10 月，写文章和贺词祝贺全苏列宁共产主义青年团诞生十五周年。

• 11 月，参加全俄社会教育工作会议，并发表演说。

## 1934 年

• 1 月，参加联共（布）第十七次代表大会，选入主席团，当选联共（布）中央委员。

• 10 月，参加各人民委员部女领导工作人员会议，并讲话。

• 11 月，参加少数民族苏维埃党校校长会议，就国际主义教育问题讲话。

• 12 月，就《扫盲法令发表十五年》作广播报告。

## 1935 年

• 1 月，参加全俄苏维埃第十六次代表大会；当选全俄中央执行委员会委员。

• 1 月，参加苏联苏维埃第七次代表大会工作，选入主席团，当选苏联中央执行委员会委员。

• 5 月，被俄罗斯联邦人民委员会任命为教育人民委员部苏维埃副主席。

• 7 月，出席共产国际第七次代表大会。

• 9 月，向少数民族共和国劳动青年妇女代表大会致贺词。

## 1936 年

• 2 月，被俄罗斯联邦教育人民委员部最高鉴定委员会授予教育科学博士学位。

• 7 月，给联共（布）中央委员会写关于综合技术教育呈报草案。

• 11 月，参加苏维埃第八次非常代表大会，在这次大会上通过了苏联宪法。

## 1937 年

• 2 月，写信给联共（布）中央委员会书记安·亚·日丹诺夫，谈关于安排学校劳动教学作为学校综合技术教育条件之一的必要性。

• 3 月，参加成年人学校教师会议。

• 12 月，被选为苏联最高苏维埃代表。

## 1938 年

• 1 月，参加苏联最高苏维埃第一次代表大会，当选为苏联最高苏维埃主席团委员。

• 10 月，参加成年人学校、农村阅览室和文化宫工作者联席会议，并讲了话。

• 12 月，参加全俄校外工作会议，并讲话。

## 1939 年

• 1 月 13 日，在教育人民委员部接见了农业机务人员——苏联最高苏维埃代表，并同他们讨论农村政治教育工作。

• 1 月 16 日，同莫斯科市和莫斯科州各区和工厂报纸的编辑谈列宁。

• 2 月，给少先队员写最后一封信：《应当珍惜自己和别人的时间》。

• 2 月 23 日，在俄罗斯联邦人民委员会会议上讨论第三个五年计划俄罗斯联邦发展国民教育和文化建设计划草案时发言。

• 2 月 26 日，《真理报》刊登联共（布）中央委员会和苏联人民委员会庆祝克鲁普斯卡娅七十岁诞辰的贺词。全国隆重纪念这个日子。

• 2 月 27 日，克鲁普斯卡娅逝世。

# 主要参考文献


1. ［俄］斯维亚托斯拉夫·雷巴斯、叶卡捷琳娜·雷巴斯著，吴昊、张彬译. 斯大林传——命运与战略. 上海：上海人民出版社，2014.
2. 王建坤、施枫著. 世界现代后期文化教育史. 北京：中国国际广播出版社，1996.
3. 张泉君主编. 著名教育家演讲鉴赏. 济南：山东人民出版社，1995.
4. ［苏］克鲁普斯卡娅著. 卫道治译. 克鲁普斯卡娅教育文选. 北京：人民教育出版社，1988.
5. ［苏］克鲁普斯卡娅著. 卫道治译. 克鲁普斯卡娅教育书简. 长沙：湖南教育出版社，1984.
6. ［苏］根·奥比契金等著，王占标等译. 克鲁普斯卡娅传. 北京：人民出版社，1983.
7. ［苏］克鲁普斯卡娅著，杨树人译. 列宁回忆录. 北京：人民出版社，1960.
8. 人民出版社马列著作编辑室编. 列宁的风格. 北京：人民出版社 1985.
9. 中共中央编译局世界社会主义研究所编. 新编世界社会主义词典. 北京：中央编译出版社，1996.
10. 陈秋兰：克鲁普斯卡娅教育思想在新中国的影响. 遵义师范学院学报，2005 年第 1 期.
11. 徐长瑞：杰出的社会主义教育理论家. 外国教育研究. 1989 年第 4 期.
12. 陈桂生：克鲁普斯卡娅——列宁指导教育工作的“右手”. 外国教育资料，1989 年第 2 期.
13. 成有信：克鲁普斯卡娅和她的著作《国民教育和民主主义》. 教育论丛，1983 年第 2 期.
14. 王恩发：克鲁普斯卡娅论成人教育. 国际观察，1985 年第 1 期.
15. 江虹：著名教育家克鲁普斯卡娅. 思想政治课教学，1984 年第 8 期.